유리멘탈을 위한 좋은 심리 습관

「メンタル弱い」が一瞬で変わる本
片田智也 著
株式会社PHP研究所 刊
2021

"MENTAL YOWAI"GA ISSHUN DE KAWARU HON
by Tomoya Katada
First original Japanese edition published by PHP Institute, Inc., Tokyo.

유리멘탈을 위한
좋은 심리 습관

뭘 해도 안 되던
마음 근육이
한순간에
단단해지는 책

가타다 도모야 지음
전경아 옮김

비즈니스북스

유리멘탈을 위한 좋은 심리 습관

1판 1쇄 발행   2021년 11월 16일
1판 3쇄 발행   2021년 12월 8일

지은이 | 가타다 도모야
옮긴이 | 전경아
발행인 | 홍영태
편집인 | 김미란
발행처 | (주)비즈니스북스
등 록 | 제2000-000225호(2000년 2월 28일)
주 소 | 03991 서울시 마포구 월드컵북로6길 3 이노베이스빌딩 7층
전 화 | (02)338-9449
팩 스 | (02)338-6543
대표메일 | bb@businessbooks.co.kr
홈페이지 | http://www.businessbooks.co.kr
블로그 | http://blog.naver.com/biz_books
페이스북 | thebizbooks
ISBN 979-11-6254-246-0   03190

누구나 한 번쯤은
유리멘탈이 된다

'나는 왜 이렇게 마음이 약할까?'

사소한 일에 상처받고 마음을 졸이고 흔들리는 자신의 모습에 실망한 적이 있나요? 자주 불안, 초조, 우울, 의기소침과 같은 감정에 사로잡히거나 매사 부정적인 면만 보려 하고 소극적으로 생각하고 있지는 않나요?

지금까지 여러분은 마음을 강하게 만들고 싶어서 이런저런 시도를 해왔을 겁니다. 그 결과 여러분의 마음은 얼마나 강해졌나요? 노력과 좌절을 반복하다 제대로 방법을 찾기도 전에 포기해버리지는 않았나요?

저는 여러분의 마음이 왜 강해지지 않는지 알고 있습니다. 이유는 아주 간단합니다. 마음이 약한 것, 즉 '유리멘탈'을 부정적으로 보기 때문입니다. 약한 모습을 발견하는 즉시 감추거나 없애버려야 한다고 생각했을 겁니다. 물론 불안이나 우울 등 부정적 감정을 느끼거나 마이너스 사고(평소에 생각해온 이상적인 모습이나 주위에 닮고 싶은 사람들과 자신을 비교하며 자신의 부족한 부분만 생각하는 것―옮긴이)를 할 때 기분이 썩 좋지는 않습니다. 이런 상황을 되도록 피하고 싶죠.

바로 이 전제가 잘못되었습니다. **유리멘탈은 나쁜 게 아닙니다. 필요 없는 것이라니 말도 안 됩니다. 유리멘탈은 오히려 마음을 강하게 만드는 '재료'입니다.** 여러분의 마음이 뭘 해도 강해지지 않았던 이유는 이 부정적 감정과 마이너스 사고라는 재료를 쓰레기통에 버렸기 때문입니다.

저는 20대에 독립하여 회사를 운영하는 사업가가 되었지만 녹내장이 발병해 중증 시각장애 판정을 받았습니다. 불안과 우울, 후회, 열등감을 질릴 정도로 경험했고 설상가상으로 같은 해에 우울증을 앓던 누나마저 잃었습니다.

당시 제 마음은 슬픔과 분노, 무력감으로 뒤범벅되었습니다. 살아 있어도 의미가 없다는 생각에 죽음을 계획하기도 했죠. 그렇게 힘든 날들을 보내다 문득 이런 생각이 들었습니다.

'삶의 의미가 없다면 스스로 만들어야 해!'

저는 누나가 스스로 목숨을 끊은 이유를 알고 싶었습니다. 그래서 정신 의학과 정신 장애, 향정신의약품에 대해 조사했습니다. 그 후 심리 치료와 철학을 배우면서 '유리멘탈이란 무엇인가'에 대한 해답을 진화생물학에서 찾았습니다. 진화생물학에서는 원칙적으로 '유전되는 형질(경향)은 어떤 형태로든 생존 유지, 번식 성공에 도움이 된다'고 봅니다. 다시 말해, 우리가 불안해하거나 낙담하는 데는 다 의미가 있다는 뜻입니다. 여러분은 아직 그 의미를 알지 못하는 것뿐입니다.

유리멘탈이 무엇인지 진정한 의미를 알게 된 후, 저는 심리 카운슬러가 되었습니다. 1만 명 이상의 사람들을 상담했고 제 강연과 기업연수를 수강한 인원은 2만여 명이 넘습니다. 제가 시각장애를 극복하고 심리 카운슬러로 변모하여 많은 사람들을 만날 수 있었던 이유는 유전적으로 타고난 약한 마음을 전부 강인함의 재료로 활용했기 때문입니다.

지금까지 여러분은 강하고 단단한 마음을 만들기 위해 책을 읽거나 강연을 듣고 상담을 받는 등 다양한 노력을 해왔을 것입니다. '사물의 긍정적인 면을 본다', '지나간 일에 끙끙 앓으며 고민하지 않는다', '변할 수 있다고 믿는다' 등의 조언들은 대부분 '유리멘탈을 부정하는 것'을 전제로 합니다. 하지만 자신의 약한 마음을 부정해서는 정말로 강해질 수 없습니다. 그리고 정말로 강한 사람은 이를 잘 알고 있습니다.

혹시 마이크 타이슨이라는 권투선수를 알고 있나요? 데뷔 후, 2년 만에 헤비급 세계 챔피언 타이틀을 세 개나 거머쥔 세계 최고의 권투선수입니다. 하지만 그런 타이슨마저 시합 전에는 늘 질지도 모른다는 두려움에 손을 덜덜 떨었다고 합니다. 아무리 강한 사람이라도 이러한 약한 면모는 있기 마련입니다. 인간은 누구나 유리멘탈이니까요.

당시 타이슨의 트레이너이자 복싱 챔피언들의 위대한 스승인 커스 다마토Cus D'Amato는 그에게 이렇게 조언했습니다.

"두려움이란 인생의 가장 가까운 친구이자 적이다. 마치 불처럼 말이다."

두려워하는 자신의 마음을 외면하지 않고 '사이좋게 지내며 힘을 빌리라'는 말입니다. 여태까지 여러분은 불을 적으로 간주하고 위험하다며 멀리했을 것입니다. 하지만 불을 무서워한다면 도구로 쓸 수 없을 테고 언제까지나 불을 두려워하며 살게 됩니다. 유리멘탈도 마찬가지입니다. 여러분은 불안, 초조, 우울, 의기소침 등 마음이 약해져 생기는 부정적인 감정을 아마 무서워하고 외면하려고만 했을 겁니다. 이제는 들여다보고 사이좋게 지내야 합니다.

다시 한번 말하지만 뭘 해도 여러분의 마음이 강해지지 않았던 이유는 여러분이 약한 사람이어서가 아닙니다. 그저 마이너스 사고나 부정적 감정과 같은, 마음을 강하게 만드는 데 활용해야 할 '재료'를 외면했기 때문입니다. 유리멘탈은 물리치거나 피해야 할 적이 아닙니다. 오히려 근육통과 같은 발전의 증거이자 여러분 편입니다.

그렇다면 인간은 왜 유리멘탈로 태어날까요? 진화생물학적 배경을 알면 유리멘탈이 근심거리가 아니라 적극 이용해야 할 도구라는 것을 이해할 수 있을 것입니다.

앞으로 여러분이 해야 할 일은 다음 세 가지입니다.

- 마음이 약해지는 것은 자연스러운 반응이라는 것을 인정하기
- 불안, 초조, 우울, 짜증, 의기소침 등 마음이 보내는 경고의 의미를 읽어내기
- 그 의미에 따라 행동을 수정하기

마음이 약해지는 것은 누구에게나 자연스럽게 일어나는 일입니다. 이는 몸을 지키기 위한 일종의 경고 시스템으로 우리가 항상 적절한 행동을 할 수 있게 해줍니다. 이를 부정한다는 건 내 몸을 위험하게 만드는 행위입니다. 약한 모습을 감추거나 극복하기 위해 억지로 마음을 강하게 만드는 일을 하게 됩니다. 다시 말해 꾹 참고 강한 척을 하는 것이죠. 그러니 삶이 힘든 게 아닐까요?

자신의 약한 마음을 인정하고 친구가 되어보세요. 친구가 보내는 신호를 읽고 그에 따라 차근차근 행동을 바꿔간다면 자연스럽게 마음이 단단하고 강해질 것입니다.

'과연 내가 해낼 수 있을까?'

지금 마음이 불안한가요? 괜찮습니다. 여러분이 느끼는 불안

은 자연스러운 반응입니다. 감추거나 무시하거나 얼렁뚱땅 넘어가려고 하지 않아도 됩니다. 이제부터 알려줄 내용을 이해하고 실천한다면 여러분은 분명 강해질 것입니다.

가타다 도모야

차례

제1장

불안한 마음의 원인을 찾는 연습

제6장

마음 근육을 단단하게 만드는 관계 연습

제1장

◆

불안한 마음의
원인을 찾는 연습

마음이 '원래' 약한
사람은 없다

　이 세상에 '마음이 약한 사람'은 없다고 생각합니다. 하지만 '마음이 약해져 있는 사람'은 아주 많습니다. 과연 무슨 말일까요?

　사실 '마음이 강하다, 마음이 약하다'는 표현 자체가 이상한 것입니다. 알기 쉽게 예를 들어보겠습니다. 운동신경이 아주 좋은 건장한 스포츠맨이 있다고 합시다. 이 스포츠맨이 강한지 약한지 물어본다면 모두가 '강한 사람'이라고 대답할 것입니다. 그런 강한 사람이 감기에 걸리면 어떻게 될까요? 열이 38도가 넘으면 몸이 생각대로 움직이지 않습니다. 일어서는 것은 물론이고 몸을 가누는 것조차 힘듭니다.

그렇다면 이 스포츠맨은 '몸이 약한 사람'일까요? 물론 아닙니다. **몸이 약한 사람이 아니라 '잠시 몸이 약해져 있는 사람'입니다.** 몸에서 열이 나는 건 바이러스를 죽이려는 방어 반응이고 그 탓에 '잠시 약해져 있을' 뿐입니다. 따라서 자리에서 일어나지 못한다고 해서 '왜 이렇게 몸이 약할까' 하고 한탄하거나 억지로 강한 척해서는 안 됩니다. 그러면 오히려 회복이 늦어집니다. 감기에 걸려 일시적으로 몸이 약해졌을 뿐이라고 현재 상태를 인정하고 약을 먹고 푹 쉬면 자연스럽게 건강을 금방 회복할 수 있을 것입니다.

마음도 다르지 않습니다. 여러분이 지갑을 잃어버렸다면 기분이 어떨까요? 우울하겠죠. 어깨를 축 늘어뜨리고 한숨을 쉬고 끙끙대며 한탄할지도 모릅니다. 그런데 이를 마음이 약해서라고 할 수 있을까요?

몸의 경우와 마찬가지로 '잠시 약해져 있는' 것입니다. 평소에 낙천적이고 긍정적인 사람이라도 지갑을 잃어버리면 울적해집니다. 조금도 우울해하지 않는다면 그게 더 이상할 겁니다.

우울하다는 건 두 번 다시 같은 일을 겪지 않게 대비하라고 나타나는 자연스러운 방어 반응이며, 그 탓에 '잠시 약해져 있는' 것뿐입니다.

문제는 방어 반응이 나타났을 때 대처를 어떻게 하느냐입니다. '마음이 약한 사람'은 지갑을 잃어버리고 우울해하는 자신을 한심해하면서 '빨리 잊자'고 강한 척하며 마음이 보내는 경고를 무시합니다. 울적한 기분이 사라지지 않으니 결국 '나는 마음이 약해서 안 돼' 하면서 자기 부정을 하기 시작하죠.

발목을 접질려서 잘 걷지 못할 때 '몸이 약하다'고 스스로를 책망하나요? 고통도 자신을 지키기 위한 방어 반응입니다. 아프지 않은 척, 강한 척할 필요가 없습니다. 괜히 그랬다가는 약해져 있는 상태만 더 길어집니다.

불안하고 우울하고 낙담하고 고민하는 것도 전부 이유가 있어서 일어나는 방어 반응입니다. 이런 경고를 무시하거나 강한 척하며 숨기지 않아야 합니다. 그렇다고 해서 부정할 필요도 더더욱 없습니다. 이럴 때마다 '나는 안 돼'라고 낙담하거나 비난한다면 여러분은 1년 동안 몇 번이나 '쓸데없는 자기 부정'을 하게 됩니다. 그렇게 부정하면 할수록 자기 자신이 싫어지고 자기 불신不信, 말 그대로 자기 자신을 믿기 힘들어집니다.

　한 번 더 강조하지만 이 세상에 '마음이 약한 사람'은 없습니다. 그저 잠시 약해져 있는 것을 인정하지 않고 사사건건 자신을 탓하다가 기어코 스스로를 믿지 못하게 된 '늘 약해져 있는 사람'이 있을 뿐입니다.

내 마음을 이해하는
두 가지 기준

여러분은 마음이 약한 사람이 아닙니다. 자신을 지키기 위한 방어 반응으로 나타나는 경고들을 무시하고 알면서도 어물쩍 넘어가고 쓸데없이 '나는 안 돼'라는 생각을 반복해온 '늘 마음이 약해져 있는 사람'일 뿐입니다.

하지만 안심하세요. 타인보다 자기 부정을 많이 해서 자신감을 잃은 것도 자연스러운 현상입니다. 불안하고 초조하고 의기소침하다면 '지금 마음이 약해져 있구나'라고 인정하는 것만으로도, 이런 감정들이 같은 일을 다시 겪지 않기 위해 마음이 보내는 경고라는 사실을 아는 것만으로도 마음은 저절로 강해집니다. 누구나 자기 부정을 거듭하면 마음이 약해집니다. 여러분은 그저 마음에 대해 조금 오해를 했을 뿐입니다.

그렇다면 왜 그런 오해가 생겼을까요?

마음을 '강한가, 약한가'라는 하나의 축으로만 봤기 때문입니다. 마음을 이 기준으로만 보면 우울하고 불안한 것마저도 '나쁜 것'으로 보게 됩니다. 마음을 더 정확하게 이해하기 위해 '자연스러운가, 부자연스러운가'라는 축을 하나 더 추가해봅시다. 이 두 개의 축으로 마음을 다시 들여다봅시다.

지금까지 1만 명 이상의 사람들을 상담하면서 '마음이 약하다'고 호소하는 사람들에게서 한 가지 공통점을 발견했습니다. 바로 '부자연스럽다'는 점입니다.

회사원 A는 동기가 승진하자 고민이 생겼습니다.

"동료의 승진을 기뻐하지 못하는 제가 한심하게 느껴집니다."

무슨 뜻인지 자세히 물었더니 함께 입사해 그동안 같은 속도로, 때론 라이벌처럼 열심히 일해온 동기가 자신보다 먼저 승진하자 진심으로 축하할 수 없어 괴롭다고 했습니다.

▶ 마음을 이해하는 두 개의 축

	약하다	강하다
자연	① 자연스러운 약함	② 자연스러운 강인함
부자연	③ 부자연스러운 약함	④ 부자연스러운 강인함

"물론 기뻤습니다. 그런데 마음 한구석이 개운하지 않더라고요."

A는 이런 고민을 선배에게 털어놓았는데 "자기 일처럼 기뻐하면 되지."라는 핀잔만 들었다고 합니다.

A가 진심으로 동료를 축하할 수 없었던 이유는 무엇일까요? A의 입장에서는 라이벌에게 졌기 때문입니다. 억울함과 열등감, '어째서 저 녀석이 먼저?' 하고 떨떠름한 기분이 드는 게 당

연합니다. 이는 누구나 느낄 수 있는 아주 자연스러운 감정입니다. 그런 마음을 억누르고 자기 일처럼 기뻐하는 척은 할 수 있습니다. 하지만 마음속 깊은 곳에서 진정으로 기뻐하기란 결단코 불가능합니다.

분하고 억울한 감정은 깊이 마주하면 마주할수록 성장할 수 있는 힘을 줍니다. '나도 열심히 해야지'라고 생각하며 자연스럽게 강한 마음을 만드는 것은 억울함이나 질투와 같은 감정을 피하지 않고 소화한 후에야 가능합니다. 자신도 모르게 나타나는 부정적 감정을 억누르고 아무렇지 않은 듯 강한 척하는 사람은 성장하지 못합니다.

A에게 이런 이야기를 했더니 이렇게 대답했습니다.

"물론 분하고 억울하죠! 하지만 그렇게 생각하는 건 못난 거라고 생각했어요."

억울함이란 생각하는 게 아니라 어디까지나 느끼는 것입니다. 자연스럽게 생겨나는 감정이나 감각을 부자연스럽게 미화하는 이유는 억울함, 질투와 같은 약한 모습이 드러나는 것을 '나쁘게' 보기 때문입니다. 마이너스 사고와 부정적 감정도 마찬가지입니다. 어느 것이나 의미가 있어서 생기는 자연스러운 반응입니다.

마음이 강한지 약한지로만 판단하다 보면 강한 것은 좋고 약한 것은 나쁘다는 생각에 빠지게 됩니다. 그래서 약해진 마음 자체를 부정하려고 하죠.

괜찮습니다. 살다 보면 누구나 우울함이나 불안함을 종종 느낍니다. 그럴 때마다 피하지 않고 마주한다면 '나는 안 돼', '나는 왜 이것밖에 안 될까' 등 자기 부정을 하는 횟수가 줄어들고 마음도 점차 쉽게 흔들리지 않고 단단해지는 것을 느낄 수 있을 것입니다.

불안감,
나를 지키는 경고 메시지

    인간의 몸은 감정과 감각을 관장하는 뇌 구조까지 대략 10만 년도 더 전인 수렵 채집 시대부터 더 이상 진화하지 않았습니다. 당시 사람들은 어떤 생활을 했을까요? 수렵 채집 시대는 도시국가는 물론, 농경문화가 시작되기 훨씬 전입니다. 생활을 유지하기 위한 모든 것들을 해가 될지 알 수 없는 것들 투성이인 외부에서 얻어야 했으니 항상 위험에 노출되었을 것입니다. 매일 식량 부족에 시달리며 먹거리를 찾아 헤매고 사자와 같은 포식자의 표적이 되거나 자연재해로 희생되거나 타민족과 전쟁을 벌이기도 했을 것입니다. 이런 위험으로부터 하루하루 몸을 지키며 우리의 조상은 공포나 불안과 같은 감정을 키워왔습니다.

우리의 마음이 흔들리고 불안해지는 것은 위험으로부터 자신을 지키기 위한 '방어 반응'입니다. 이를 통해 뭔가를 경고하기 위해서죠. 쉬운 예로 눈앞에 사자가 있다고 합시다. 이때 생기는 공포심은 '그 자리를 떠나라'는 경고입니다. 무섭지 않은 척, 강한 척할 수도 있겠죠. 하지만 공포심은 그런 이성과는 관계없이 '여기에 있고 싶지 않아'라며 그 자리를 벗어날 동기를 부여해줍니다.

한 번 사자를 만났던 사람이 '또 만나면 어떻게 하지' 하고 사냥에 나서기를 불안해하는 것도 자연스러운 반응입니다. 불안이란 미래의 위험에 대비하라는 방어 반응입니다. 안전한 경로를 확인하고 무기를 갖추는 등 몸을 보호할 수 있도록 철저히 준비하라는 경고입니다. 경험이 많은 고대인이 "괜찮아. 걱정할 거 없어."라고 말해도 대비하지 않으면 불안해서 마음이 진정되지 않을 것입니다.

'사자는 당연히 무섭죠. 하지만 다른 사람의 시선을 두려워하

고 불안해하는 건 이상하지 않나요?'

이렇게 생각할지도 모릅니다. 하지만 다른 사람의 시선이 두려운 것도 자신을 지키기 위해 나타나는 방어 반응입니다. 인간은 집단생활에 적응한 동물입니다. 바꿔 말하면 단독으로 살아갈 수 있는 강한 동물이 아닙니다. 고대사회에서는 집단에서 쫓겨나거나 무리에 끼지 못하면 곧장 죽을 위기에 처했습니다. 따라서 다른 사람에게 미움을 받거나 얕잡아 보이거나 가벼워 보이는 등의 위험 요소들을 멀리하려는 것도 훌륭한 방어 반응입니다.

저는 스물여덟 살에 녹내장이라는 병으로 눈에 장애를 얻었습니다. 녹내장은 조금씩 눈이 보이는 범위, 시야가 좁아지는 질환으로 실명 원인 1위에 꼽히는 질병입니다. 지금은 오른쪽 눈은 거의 실명에 가깝고 왼쪽 눈도 한가운데만 겨우 보이는 정도입니다. 그런 작은 구멍으로 보이는 것은 교정하여 0.08 정도의 흐릿한 세상입니다. 물론 일이나 생활도 불편하지만 그보다 훨씬 더 저를 힘들게 했던 것은 역시 마음의 문제였습니다.

발병 당시는 독립한 지 딱 3년이 지난 시점이었습니다. 나름대로 노력해서 자리를 잡았고 잘해낼 자신도 있었습니다. 그런데 녹내장이란 진단을 받자 혼자 밖에 나가기 두렵고 마음이 몹시 약해졌습니다. 제 마음은 열등감과 굴욕감이 뒤섞인 어두운 감정으로 가득했습니다. '열등감 따위 느끼지 않아도 돼', '앞을 못 본다고 부끄러울 게 뭐 있어' 하면서 스스로를 타일렀습니다. 하지만 아무리 털어내려고 해도 마음은 풀리지 않았습니다.

지금 생각하면 저를 괴롭힌 부정적 감정은 당연합니다. 중요한 것을 경고하고 있었는데 그걸 알아차리지 못했기 때문입니다. 열등감은 '역할을 잃을' 위험이, 굴욕감은 '존엄을 잃을' 위험이 다가오고 있다고 나에게 경고했던 것입니다.

고대 수렵 채집인들과 달리 현대인은 안전합니다. 비록 역할이나 존엄을 잃어도 살아갈 수 있죠. 하지만 자신을 비하하고 '못난 나'를 탓하면서 남의 눈치를 보며 산다면 굴욕으로 점철된 인생을 살게 될 것입니다. 어두운 감정이 보냈던 경고의 의미를 번역하면 이렇습니다.

'이대로는 안 돼. 나만이 할 수 있어! 자부심을 갖고 어떻게 살지 생각해봐!'

당시에는 그런 경고를 받고 있다고 전혀 생각하지 못했습니다. 방어 반응의 의미를 깨닫고 행동을 바꾼 것은 좀 더 시간이 지난 후였습니다.

여러분의 내면에서 우러나오는 자연스러운 감정을 의심하지 마세요. 그것은 오랜 세월에 걸쳐 축적된 '안전하게 살기 위한 방어 반응'입니다. 아무리 불쾌한 감정이라도 다 의미가 있으며 여러분을 지키기 위한 알람입니다.

자연스러운 감정을
외면하지 않는다

　불안, 우울, 의기소침 등의 부정적 감정과 마이너스 사고 등 자연스럽게 나타나는 방어 반응을 무시하는 것은 '화장실에 가고 싶다'는 생리 현상을 무시하는 것과 같습니다. 물론 사람들에게 우울해하는 모습을 보여줄 필요는 없습니다. 때로는 참아야 할 때도 있습니다. 하지만 혼자 있을 때조차 방어 반응을 무시하면 어떤 일이 일어날까요?

　쓸데없는 자기 부정이 늘어납니다. 예를 들어 지갑을 잃어버려서 우울해지는 건 한여름에 밖에 나가면 땀이 나는 것만큼이나 자연스러운 현상입니다. 자신의 의지로 땀을 멈출 수 없는 것처럼 우울함 자체를 없앨 수는 없습니다. 울적함을 맛보고 나면 반성과 함께 자연스럽게 회복됩니다.

가령 다음 주에 있을 프레젠테이션 때문에 불안해하는 사람이 있습니다. 이때 느끼는 불안은 프레젠테이션을 좀 더 잘 '준비'할 수 있게 동기를 부여해줍니다. 자연스러운 반응이며 전혀 문제가 되지 않습니다. **이처럼 자신이 느끼는 불안에 귀 기울이고 그에 맞춰 행동을 개선하면 됩니다.**

그런데 '울적하다', '불안하다'는 마음이 보내는 경고를 '또 불안해하다니 역시 난 안 돼'라고 평가하면 쓸데없는 자기 부정을 거듭하게 됩니다. 이렇게 말하는 저도 숱하게 자기 부정을 하며 스스로를 굉장히 자주 들볶았습니다.

곰곰이 생각해보면 시각장애 진단을 받고 우울해하고 미래를 불안해하고 열등감과 굴욕감에 시달리는 것은 당연한 반응입니다. 부정할 필요가 없습니다. 어느 틈엔가 저는 자신에 대해 '아무짝에도 쓸모없는 한심한 인간'이라고 생각하고 있었습니다. 장애인 수첩에서 본 어떤 문구가 계기였습니다. 사진 속 제 얼굴 위에 '간병 필요'라는 붉은 도장이 떡하니 찍힌 것입니다. 마치 '당신은 혼자서 살아갈 수 없는 나약한 인간입니다'라고 손가락질하는 것 같았습니다.

실제로 간병을 받은 적은 없지만 받아야 하는 상황이었더라도 결코 '나쁜' 일이 아닙니다. 하지만 당시 저에게 '약하다'는 '나쁘다'와 같은 뜻이었습니다. 자연히 생기는 우울함과 불안함, 열등감에도 '그러니까 나는 안 돼'라며 이유를 알 수 없는 자기 비하를 하고 사사건건 '한심한 나'를 탓했습니다.

그런 생활을 계속하자 점점 남들 눈에 제가 이상하게 보이지 않는지 다른 사람의 시선을 신경 쓰게 되었습니다. 아무도 나를 쳐다보지 않는데도 쳐다보는 것 같아서 사람들의 얼굴을 똑바로 보지 못하고 말하는 것조차 무서웠습니다.

신경내과에 갔다면 아마 '사교불안장애'라는 진단을 받았을 겁니다. 모두 쓸데없는 자기 부정을 계속한 결과입니다. 사실 병이라기보다 상처에 가깝겠죠.

저는 여러분이 지금 어떤 마음으로 이 책을 읽고 있는지 잘 모릅니다. 그래도 단언할 수 있는 것은 여러분이 느끼는 우울과 불안, 그 외의 마음이 약한 모습은 전부 이유가 있어서 생기는 자연스러운 반응이라는 점입니다. 여러분이 다른 사람보다 약해서 그렇게 느끼는 것이 아닙니다. 여러분 자신은 잘 모르겠지만 그렇게 느끼는 이유가 반드시 존재합니다. 아무리 자신이 한심하게 느껴지더라도 '나는 안 돼'라고 단정하지 않기를 바랍니다.

괜찮은 척
회피하지 않는다

이유가 있어 불안하고 의기소침한데 이를 무시하거나 알면서도 그냥 넘기려고 하면 자신에게 실망하고 책망하는 일이 늘어납니다. 쓸데없는 자기 부정을 되풀이하다 보면 자신이 싫어집니다. 결국 자신을 믿지 못하게 되고 당연히 자신 있게 살기도 힘들겠죠.

내면은 불안으로 가득 차 있는데도 여유 있는 척하거나, 사실은 기분이 우울한데 억지로 웃거나, 자신이 없는데도 허세를 부립니다. 아무리 강한 척해도 그것은 진정한 자신의 모습이 아닙니다. **자신감이란 내면에서 자연스럽게 우러나오는 것입니다. 타인이나 사회의 평가를 필요로 하지 않습니다.**

자기 부정을 되풀이하면 누구에게 인정받지 않아도 자신을 믿는 '무조건적인 자신감'을 기르지 못합니다. 그러면 타인이나 사회에서 인정받기 쉬운 기준, 즉 학력이나 회사, 소득 수준, 인맥, 명품, '좋아요'나 팔로어 수 등에 집착하게 됩니다. 타인의 평가에 신경 쓰면 쓸수록 인생이 괴로워집니다. 게다가 외부에서 얻은 상대적 자신감이란 깨지기 쉽습니다.

정년퇴직하여 지위와 직함을 잃어버리면 갑자기 확 늙어버린다는 이야기를 들은 적이 있을 것입니다. 은퇴 후에는 자신을 받쳐주던 기반이 없어지기 때문입니다. 그러니 기운을 잃는 것도 당연합니다.

이처럼 자신감을 자신의 내면에서 기르지 못하면 타인의 평가나 환경 변화에 늘 휘둘리며 살게 됩니다. 겉으로는 아무리 자신감이 넘쳐 보여도 그 자신감이 외부에서 받은 평가에서 비롯된 것이라면 그 사람의 마음은 '항상 약해져 있는' 상태나 다름없습니다.

인간은 왜 마음이 약하다는 것을 인정하지 않으려고 할까요?

그 이유 중 하나는 지금까지 설명한 대로, 방어 본능으로 생긴 부정적 감정을 나쁜 것이라고 착각하기 때문입니다. 또 한 가지 이유는 사회 분위기에 의해서입니다. 가족이나 교사, 인터넷 정보, 자기계발서, 사회 풍조 등 '강한 척하는 것을 옳다고 여기는 분위기' 때문에 나의 약한 모습을 드러내면 손해를 본다고 생각하게 됩니다.

갓난아이를 떠올려봅시다. 아이는 자신이 느끼는 대로 표현합니다. 왜냐하면 '~하는 척' 인위적으로 행동하는 법을 알지 못하기 때문입니다. 우울해하거나 불안해하는 것이 '나쁘다'라는 개념을 알려준 것은 주변에 있는 누군가입니다. 사실 대부분의 사람들이 힘껏 발돋움해서 자기 자신을 더 좋게 보이려고 강한 척하며 살고 있습니다. 내면에서 우러나오는 강인함이 아닌 '강한 척'할 때는 타인의 약한 모습에 관대할 수가 없습니다. '나도 이렇게 참고 있는데' 하며 그럴 의도가 아니어도 어쨌거나 부정하게 됩니다.

마음이 불안하고 초조하고 마이너스 사고를 하는 데는 반드시 이유가 있습니다. 방어 반응이 무엇을 의미하는지 찾고 행동을 바꿔서 자신의 약해진 마음을 마주하고 '도망치지 않아야'

비로소 진정한 자신감을 가질 수 있습니다. 또한 약한 마음을 부정하는 사람이나 정보와 거리를 두세요. 그러면 쓸데없이 자기 부정을 하는 횟수도, 무리하게 강한 척하는 빈도도 눈에 띄게 줄어들 것입니다.

부정적인 감정이
행동을 만든다

앞서 아무리 불쾌한 감정이라도 여기에는 반드시 여러분을 지키기 위한 의미가 있다고 알려드렸습니다. 그 의미를 잘 파악하려면 어떻게 해야 할까요?

부정적 감정이나 감각은 '자기도 모르게 그렇게 하는', 다시 말해 특정한 행동을 일으키는 일종의 스위치입니다. 예를 들어 공포심은 그 자리에서 '벗어나는' 행동을 일으키고 불안은 그에 대해 '준비하는' 행동을 하게 합니다. 고민이나 후회는 과거에 대해 '반성하도록', 열등감이나 억울함은 '우수해지도록' 행동하게 만듭니다. 물론 실제로 행동으로 옮기거나 실천하는 것은 개인의 의지에 달려 있습니다. 하지만 스위치를 켜면 자기도 모르게 그렇게 하고 싶고 그렇게 하지 않을 수 없어집니다. 다시 말해 부정적 감정이란 위험이나 예측하기 어려운 일에 대처하는 행동을 끌어내기 위해 나타나는 것입니다.

시각장애로 마음이 너덜너덜해질 정도로 상처를 입었을 때, 극도의 무기력한 상태가 지속되었습니다. 최소한의 생활과 일은 했지만 의욕이 나지 않는 상태에서 빠져나오지 못하고 막연하게 하루하루를 보냈습니다. 그러다 저를 다시 일으켜 세운 사건이 일어났습니다.

비가 내리는 어느 여름날, 아버지께 전화가 왔습니다.

"네 누나가 자살했다…."

"…네?"

아버지는 누나가 극단적인 선택을 했다는 소식을 전해주었습니다. 너무나 날벼락 같은 일이라 순간 아버지의 말을 제대로 이해할 수 없었습니다. 얼마 전 누나가 둘째 아이를 낳고 바로 '산후 우울증' 진단을 받았다는 이야기를 들은 기억이 났습니다. 하지만 당시 저는 제 일만으로도 머릿속이 복잡한 데다 정신 질환에 대해 잘 알지 못해 "산후 우울증? 그런 병이 있어?" 하며 무심하게 말했죠. 제 문제로 누나의 상태를 신경 쓸 마음의 여유가 없었던 것입니다.

아버지와 통화한 후, 여러 감정이 물밀듯 밀려왔습니다. 허망하게 떠나버린 누나에 대한 애달픔과 허전함은 물론이고 왜 우리 가족에게 이런 일이 일어나는지 불합리함에 대한 분노와 노여움, 무척 힘들었을 누나에게 심한 말을 했다는 죄책감도 있었습니다. 하지만 그보다 더 참담했던 것은 '아무것도 하지 못했다'는 무력감이었습니다. 저와 나이 차이가 꽤 많이 났던 누나는 세 번째 부모나 다름없었습니다. 그렇게 소중한 존재가 세상에서 돌연 사라진 것입니다.

객관적으로는 '우울증에 시달리다 자살했다'고 보였겠죠. 하지만 그런 이유로 '아, 네. 그렇군요' 하고 바로 수긍할 수는 없었습니다. 왜 누나가 죽음을 택했는지 죽음에 대한 진상을 알고 싶었습니다. 그것은 그때까지 쌓아온 것을 처음으로 되돌리고 '인생을 다시 시작하자'고 결심하는 계기가 되었습니다.

우울증이란 대체 무엇인가, 항우울제는 정말 안전한 약인가, 아니, 그 전에 정신 의학은 믿어도 되는 학문인가, 정신 의학은 언제부터 있었는가. 이제 어떻게 해야 좋아질 것인가.

답을 찾기 위해 정신 병리학이나 정신약리학, 정신 의학사, 의료 인류학 등 서점에서 구할 수 있는 책은 물론, 관련 논문을 읽기 위해 국회도서관에도 다녔습니다. 잘 보이지 않는 눈으로 책을 읽기가 매우 힘들었습니다. 하지만 무력감과 무지함, 부족함을 보완하려고 글자 그대로 핥듯이 책을 읽었습니다.

그러던 어느 날, 문득 깨달았습니다.

'어라, 언제부터 내가 아무렇지 않게 외출하고 사람들의 시선을 신경 쓰지 않게 되었지?'

무기력하게 집 밖에 나가지도 않고 하루하루를 보내던 저는 어디로 사라진 것일까요? 게다가 글을 읽는 것이 그렇게나 고통스러웠는데 어느새 전혀 거부감이 들지 않았습니다. 우울증에 대해 공부하겠다고 선언하거나 계획을 세우고 해야 할 일을 작성한 기억도 없는데 마치 몸이 멋대로 움직이듯이 '나도 모르게 해버린' 것을 깨달았습니다.

누나의 갑작스러운 죽음은 저를 '아무것도 하지 못했다'는 무력감에 시달리게 했지만 그것은 아주 자연스러운 반응이었습니다. 무력감은 저에게 이렇게 경고한 것이죠.

"두 번 다시 같은 상황을 겪지 않도록 더 힘을 길러라. 더 지식을 쌓아라."

제가 느낀 무력감은 우울증이라는 위험에 대비하기 위해 '배운다'라는 행동을 끌어낸 것입니다. 실제로 무력감의 경고가 옳았습니다. 그 후, 아내와 아버지, 어머니도 우울증 진단을 받았습니다. 만약 제가 무력감의 경고를 무시했더라면 또다시 잘 알지 못하는 병으로 가족을 잃었을지도 모릅니다.

어떤 일이 일어나면 반드시 마음이 움직입니다. 그 일이 여러분에게 '중요한 것'이라면 더욱 크게 마음이 흔들릴 것입니다. 꼭 명심하세요. **우울과 불안, 고민, 후회 등 마음이 약해져 생기는 감정들을 무시하고 부정해서는 안 됩니다.** 이를 통해 여러분이 두 번 다시 같은 상황에 처하지 않도록 동기부여를 하고 있다는 걸 잊지 않기를 바랍니다.

약한 마음을
인정하는 것이 먼저다

단단한 마음을 가지고 있다면 약한 마음을 부정하거나 강한 척하지 않습니다. 부자연스럽게 행동할 필요가 없죠. 여러분에게 필요한 것은 자연스럽게 나타나는 감정을 인정하고 보상하는 것입니다. '보상'이란 '부족한 것을 보충하려는 마음의 작용'을 말합니다. 자기 자신에게 솔직해져야 그에 따른 보상 작용으로 마음이 강해집니다.

부족한 부분을 보충하기 위한 행동을 일으키는 것이 유리멘탈의 역할입니다. 그리고 행동을 개선하면 내면은 자연스럽게 강해지게 되죠.

실제로 저는 눈이 잘 보이지 않자 부족한 감각을 메꾸려는 듯 귀로 들리는 정보에 민감해지고 손과 손가락의 감각이 예민해 졌습니다. 보상 작용, 즉 '부족한 것을 보충하려는 움직임'은 스 스로 몸을 지키기 위해 자연스럽게 일어나는 작용입니다.

안 좋은 일을 겪었을 때, 불쾌한 감정이 드는 게 당연합니다. 지갑을 잃어버리면 속상하고 수입이 줄어들면 불안합니다. 문 제는 그러한 자연스러운 감정을 부정하면 개선하기 위한 행동 으로 이어지지 않는다는 것이겠죠.

구도는 아주 단순합니다. 가령 시합에서 져서 화가 난다면 자 연스러운 감정입니다. 이런 감정을 해소하기 위해 연습량을 늘 리거나 연습 방법을 바꾸는 등 행동을 수정합니다. **'결과를 직시 했다', '도망치지 않고 끝까지 해냈다'는 자부심이 생기면 자신 에 대한 믿음도 생깁니다.** 다시 말해 진정한 자신감이 내면에서 솟아납니다. 자연스럽게 강한 마음이란 이런 것입니다.

시합에 져서 억울하고 분한데 아닌 척, 괜찮은 척 자신을 속 이고 '몸 상태가 좋지 않아서', '심판 판정이 이상해서' 등의 이 유를 대며(설령 진실이라고 해도) 자연스러운 감정을 똑바로 보지 못하고 회피하는 선수는 신체적, 기술적으로는 물론 정신적으로도 강해질 수 없습니다. 왜냐하면 억울하고 분한 감정을 인정하지 않는 한 부족함을 보충하려는 보상 작용, 다시 말해 상황을 바꾸기 위한 행동을 하지 않기 때문입니다.

이는 정신적인 면에 국한되지 않습니다. **정신적 문제는 전부 환경 변화에 의해 생깁니다. 그리고 변화를 만들어야만 해결할 수 있습니다.** 이러한 확신을 얻은 후 지난 10년 동안 일어난 일로 약해진 저의 마음을 전부 '강인함의 재료'로 가공해왔습니다. 즉 끊임없이 부족한 능력을 보충해왔다는 뜻입니다. 그러자 할 수 있는 일이 늘었고 점점 더 자신을 믿게 되었습니다. 어떤 일에도 동요하지 않는 마음은 갖지 못했지만 동요하는 마음을 효과적으로 활용하는 방법은 알게 되었습니다. 그 결과, '앞으로 무슨 일이 일어나고 아무리 마음이 약해져도 괜찮아'라는 확신이 생겼습니다.

살다 보면 언제 어떤 일이 일어날지 예측하기 어렵습니다. 2020년 봄 이후, 크게 힘들었던 적이 있습니다. 코로나바이러스감염증 확대 방지를 위해 강의 시간에 수강자 간 대화가 금지되었기 때문입니다. 저는 일방적으로 혼자 떠드는 일에는 자신이 없습니다. 그런 강의 방식보다는 수강자를 수업에 참여시키거나 게임을 하면서 듣는 사람도 함께 신이 나서 떠들고 즐기며 배우는 방식을 선호합니다.

그런데 갑작스러운 환경 변화 때문에 제 방식대로 강의를 진행할 수 없게 된 것입니다. 게다가 눈이 잘 보이지 않아서 수강자의 목소리가 들리지 않으면 반응이 어떤지 알 수가 없습니다. '대화 금지 규칙'이 생긴 이후 즐거웠던 강의 준비가 고통스러워졌습니다. 코로나 탓이니 신경 쓰지 말라고 말하는 사람도 있었습니다. 하지만 느낀 것을 다르게 해석할 수는 없었습니다.

그런데 '수강자에게 도움이 되도록 프로그램을 전부 다시 짜야겠다'고 결심하고 나니 더 이상 강의 준비가 고통스럽지 않았습니다. 그 고통 역시 행동을 바꾸기 위해 생긴 것이었습니다. 이때 '코로나 탓이니 어쩔 수 없지' 하며 괴로운데도 아닌 척 넘겼다면 어떻게 되었을까요? 저는 계속 스트레스를 받으며 강의를 진행했을 테고 프로그램도 영영 개선하지 못했을 것입니다.

마음을 강화하기 위해 뭔가를 나쁘게 말할 필요는 없습니다. 그저 환경 변화로 약해진 마음의 의미를 이해하고 이를 보완할 수 있는 행동을 하면 됩니다. 지금까지 그렇게 하지 못한 이유는 자신의 마음 상태를 내내 부정했기 때문입니다.

　여러분이 느낀 대로 마음이 약하다는 것을 인정하세요. 그렇게 하면 자연스럽게 어떻게 개선해야 할지 깨닫게 될 것입니다.

나를 이해하는 사람의
공감을 얻는다

    마음이 약해져 나타나는 모습을 감추려고 강한 척하면 타인이나 사회의 평가에 휘둘리며 살게 됩니다. 남들이 정해놓은 기준에 맞춰 사느라 온전한 내 인생을 살기가 힘들어집니다. 힘들더라도 현재의 마음 상태를 인정하고 부족한 부분을 보완하기 위해 노력하면 결과는 어떻게 나올지 몰라도 자신을 믿을 수 있습니다. 부자연스러운 영역에 발을 들이지 않고 자연스러운 영역을 오가다 보면 더 이상 마음이 약해질 일은 없을 겁니다.

    하지만 스스로 유리멘탈이라고 인정하는 것은 그리 간단한 일이 아닙니다. 다친 근육을 초과 회복super compensation(운동 후 회복하는 과정에서 운동 전 상태보다 근육이 향상되는 것—옮긴이)하고 성장시키려면 영양이 필요하듯이 약한 마음을 강인하게 변화시킬 때도 역시 영양이 필요합니다. 바로 사람들의 '공감'을 얻는 것이죠.

아무리 이유가 있어 우울이나 불안, 열등감 등에 시달린다고 해도 그것과 스스로 정면으로 마주하기란 힘든 일입니다. 힘든 일에서, 힘들다고 느끼는 자신에게서 눈을 떼고 싶어지는 것도 당연한 반응일 겁니다. 그럴 때 '같은 문제의식'을 갖고 그렇게 느끼는 이유를 이해해주는 사람이 있다면 힘들어도 자신의 약함을 직시할 수 있습니다. 모두가 이해해주지 않아도 됩니다. **자신을 이해해주는 사람이 한 사람만 있어도 나약함과 마주할 용기가 생깁니다.**

저에게 시각장애로 생긴 열등감과 굴욕감은 사회적 역할, 인간으로서의 존엄을 회복하기 위해 생긴 상처라고 할 수 있습니다. 알면서도 행동하지 못한 것은 문제가 컸던 탓도 있지만 무엇보다 같은 문제의식으로 고통을 공유해주는 사람이 없었기 때문일 겁니다.

훗날 선생님으로 모시게 된 분을 만나고 나서 제 인생은 크게 달라졌습니다. 누나의 죽음에 대한 진상을 조사하면서 정신적으로 다시 일어설 길을 모색하던 시기였습니다. 당시 저는 '반드시 다시 일어서야 해!'라는 완강한 의지로 가득 차 있었습니다. 그런데 그분은 저의 행동이 부자연스럽다고 지적해주었습니다.

"괜찮아요, 가타다 씨는 이미 다시 일어서기 시작했으니까요. 이제 힘을 줘도 괜찮고 빼도 괜찮습니다."

그렇게 유연하게 저를 있는 그대로 봐주어서 뭐라 말할 수 없는 편안함을 느꼈습니다. '나를 믿어주는 누군가가 있다'는 것만으로도 마음이 든든했습니다. 이런 행동은 누구나 할 수 있는 것은 아닙니다. 스스로 나약함을 강인함으로 변화시킬 수 있는 사람만이 할 수 있는 일입니다.

'나는 마음이 약해져 있는 사람'이라고 인정하면 '부족함'을 보충하려는 보상 작용이 일어납니다. 불합리하거나 부조리한 일이 생겼을 때 누군가를 탓하는 대신 자신의 능력을 높일 수 있는 기회로 보는 사람은 능력적으로도 정신적으로도 점점 더 성장하고 강해집니다.

그렇다고 강인함만 얻는 것은 아닙니다. 강인함은 따뜻한 마음을 동반합니다. 따뜻한 마음이란 다른 사람에게 미움을 받지 않기 위해 혹은 보답을 받기 위해 사람들에게 온정을 베푸는 것이 아닙니다. 단순히 자신을 사랑하는 마음에서 나오는 자기보신적 행동입니다. 하지만 제가 말하는 따뜻한 마음이란 상대의 심정에 진정으로 공감하는 마음입니다.

자연스럽게 강한 사람이란 자신의 약해진 마음을 인정할 수 있는 사람입니다. 쓸데없이 자기 부정을 하거나 강한 척한다면 자연스러운 강인함을 얻지 못합니다. 자신의 나약함을 인정하지 못하는데 타인의 나약함을 인정할 리 없습니다.

하지만 자신의 약해진 마음을 마주하고 스스로 빠져나온 사람은 다릅니다. 약해져 있는 자신과 여러 번 마주했기에 거기에서 도망치고 싶어 하는 마음도 잘 알고 있습니다. 그래서 더욱 타인의 고통에 진심으로 공감할 수 있는 것입니다.

심리 카운슬러란 그러한 일을 하는 사람이라고 생각합니다. 작은 일에도 바스러지는 유리멘탈을 부정하거나 아닌 척, 강한 척하라고 부추기거나 불만을 들어주는 사람도 아닙니다. 잠시 약해져 있는 마음을 인정하고 이를 보완하기 위한 행동을 함으로써 강해지는 과정을 함께해주는 역할, 적어도 저는 제가 하는 일을 그렇게 정의합니다.

정신 의학과 치료법 공부에 몰두했을 때 이 일을 할 거라고는 전혀 생각하지 못했습니다. 언젠가는 완전히 실명할 수도 있지만 그렇게 되어도 '나라서 할 수 있는 일을 하며 자부심을 느끼는 삶'을 살아갈 수 있다는 자신감도 생겼습니다.

환경을 바꾸면
마음도 바뀐다

　지금까지 여러분은 마음을 '강한가, 약한가'라는 기준으로만 바라보았습니다. 그러면 아무래도 강한 것은 좋고 약한 것은 나쁘다는 생각에 빠져 약해진 마음 자체를 부정하게 됩니다. 쓸데없이 자기 부정을 반복하고 강한 척해왔다면 여러분의 마음은 이미 너덜너덜할지도 모릅니다. '늘 약해져 있는' 상태라고 해도 어쩔 수 없겠죠.

　이제 여러분은 마음을 '자연스러운가, 부자연스러운가'라는 또 다른 기준을 더하여 파악할 수 있습니다. 설령 부자연스러운

▶ **마음 상태의 네 가지 영역**

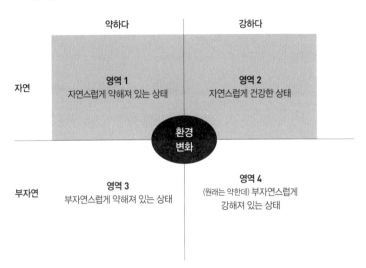

영역에 있다고 해도 '지금 내 마음은 어떤 영역에 있을까'를 생각하면 퍼뜩 정신이 들어서 부자연스러운 영역에서 스스로 벗어날 수 있을 것입니다.

여러분이 이해하기 쉽도록 그동안 마음이 '약한 사람', '강한 사람'으로 마치 그런 사람이 있는 것처럼 표현했습니다. 그러나 실제로 마음 상태는 '강한가, 약한가'와 '자연스러운가, 부자연스러운가'로 나뉜 네 영역을 오고 갑니다. 앞에서 쓴 것처럼 우리는 아무리 몸이 튼튼해도 감기에 걸립니다. 감기에 걸려 아픈 사람을 몸이 약하다고 말하지 않습니다. 현재의 몸 상태가 '약해져 있을' 뿐입니다.

그와 마찬가지로 마음도 늘 상태가 변합니다. 방금 전까지 기분이 좋았는데 누군가가 던진 한마디에 짜증이 난 적이 있을 겁니다. **이렇듯 환경이 변하면 마음 상태도 변합니다. 중요한 것은 마음 상태가 어떤지 정확하게 파악하는 것입니다.**

문제는 지금까지 '어떻게' 약해졌는지를 제대로 표현할 수 없었다는 겁니다. '강한가, 약한가'라는 기준에 '자연스러운가, 부자연스러운가'라는 기준을 하나 더해 네 영역에서 생각해보면 '어떻게'도 표현할 수 있습니다.

지금까지 배운 것을 복습하는 의미에서 네 영역이 어떤 상태인지 확인해봅시다.

영역 1. 자연스럽게 약해져 있는 상태

시합에서 지면 분하고, 전에 있었던 일이 마음에 걸리면 불안합니다. 또, 일하다 실수하면 전전긍긍하게 되죠. 이는 감기에 걸려서 열이 나거나 넘어져서 무릎이 까지고 피가 나는 것과 같은 방어 반응입니다. 고통의 크기와 관계없이 '자연스럽게 약해져 있는 상태'는 누구에게서나 볼 수 있는 인간적인 모습입니다.

영역 2. 자연스럽게 건강한 상태

약해진 마음을 인정하면 부족함을 보충하려는 행동으로 이어집니다. 이렇게 보상 작용에 따라 행동을 개선하면 도망가거나 외면하지 않은 자신을 믿을 수 있습니다. 변화된 환경에 잘 적응할 때는 강하다기보다는 그저 '자연스럽게 건강한 상태'라고 할 수 있습니다.

영역 3. 부자연스럽게 약해져 있는 상태

불안, 초조, 짜증 등 자연스러운 방어 반응을 무시하거나 알면서도 아무런 조치도 취하지 않고 넘어가면 보상 작용이 일어나지 않을 뿐만 아니라 '자연스럽게 약해져 있는 상태'에 계속 머물러 있게 됩니다. 그러면 '난 안 돼'라며 자기를 탓하고 부정하는 횟수가 늘어납니다. '부자연스럽게 약해져 있는 상태'가 계속되어 정신적으로 아무것도 하지 못하게 됩니다.

영역 4. 부자연스럽게 강해져 있는 상태

사실은 약하지만 '부자연스럽게 강해져 있는 상태'가 계속되면 타인이나 사회로부터 좋은 평가를 받지 못했을 때 자신을 인정하지 못합니다. 그러면 다른 사람의 말에 상처받거나 '좋아요' 수에 기분이 좌지우지되는 등 쉽게 약해지는 체질이 됩니다.

아무리 튼튼한 사람이라도 감기에 걸리듯 누구나 '마음이 약해질 때'가 있습니다. 하루 종일 일하고 집에 돌아오면 몸이 녹초가 되는 생활을 반복하다 보면 '자연스럽게 약해져 있는 상태'가 될 것입니다.

우리를 둘러싼 환경은 시시각각으로 변합니다. 다음 주에 있을 프레젠테이션이 신경 쓰이거나 친구와 싸우고 불쾌해지는 등 일상에서 흔히 겪는 일에도 '자연스럽게 약해져 있는 상태'에 빠질 수 있습니다. 그럴 때 뭔가를 탓하지 않고 자신의 부족한 면을 인정하고 이를 보충하기 위한 행동을 하면 곧장 '자연스럽게 건강한 상태'로 돌아올 수 있습니다.

때로는 결혼이나 이혼, 실업, 승진과 같은 비일상적인 변화도 일어납니다. 일어난 일 자체의 좋고 나쁨과 관계없이 변화에 잘 대응하기 위해 마음이 동요하는 것입니다. 그것을 직시하지 못하고 우울과 불안, 마이너스 사고와 같은 자연스러운 반응을 무시하면 부자연스럽게 약해지거나 계속 강한 척하며 지내게 됩니다. 몸이 보내는 경고를 방치하면 차츰 사소한 일에도 마음이 불안해집니다. 타인이 내뱉은 별거 아닌 한마디에 상처 입거나 메일 답장이 오지 않은 것에 크게 동요하는 등 작은 변화에도 마음이 흔들리게 되죠. 그것이 '늘 약해져 있는 상태'입니다.

하지만 안심하세요. 자신을 부정하는 횟수를 줄이면 다시 자신을 믿을 수 있습니다. 나아가 약해진 마음을 강인하게 변화시킬 수 있는 습관을 만들면 '무슨 일이 있어도 괜찮다'고 생각하며 쉽게 흔들리지 않게 됩니다. 마음 상태를 네 영역으로 파악할 수 있다면 전혀 동요하지 않을 수는 없더라도 짧은 시간 내에 자연스러운 강인함을 되찾을 것입니다.

다른 사람을 탓하기 전에
생각해야 하는 것

마음이 어떤 상태인지는 눈으로 보거나 숫자로 파악할 수 없습니다. 하지만 '정신 망'mental matrix을 활용하면 보다 자세히 마음을 들여다볼 수 있습니다. 마음 상태를 냉정하게 객관적으로 볼수 있다면 어떤 일이 일어나도 최소한의 고통만 겪고 바로 강인함을 되찾을 수 있을 것입니다. 단, 마음이 약해져 있는 상태에서 건강한 상태로 회복하는 데는 큰 걸림돌이 한 가지 있습니다. 바로 '남 탓을 하는 것'입니다.

환경이 바뀌면 자신에게 불리한 일도 일어납니다. 그럴 때 마음이 흔들리는 이유는 '행동을 달리하여 대처하라'고 경고하기 위해서입니다. 이런 순간에 타인을 탓하거나 핑계를 대면 행동을 변화시킬 필요성을 느끼지 못하고 환경이 변할 때마다 휘둘리게 됩니다.

저도 '뭔가를 탓하던' 시기가 있었습니다. 시각장애와 누나의 죽음 그리고 '앞으로 어떻게 살 것인가'라는 큰 문제를 안고서 내면의 나약함과 마주하지 못하던 시절입니다. 당시 저는 항상 모든 일에 화가 났습니다.

어느 날 관공서에 갔다가 사소한 일로 직원에게 버럭 화를 냈습니다. 관공서 서류의 정보 기입란이 작고 가느다란 녹색으로 인쇄되어 있어서 잘 보이지 않았던 것입니다. 언성을 높일 일도 아니었습니다. 직원에게 "제가 잘 보이지 않아서 그러니 대신 써주세요."라고 부드럽게 말하면 될 일이었습니다. 그런데 저는 감정적이 되어 '날 무시하는구나!' 싶어 화를 냈습니다.

물론 아무도 저를 무시하지 않았습니다. 잘 보지 못하는 나를 못마땅해하고 얕잡아 본 건 오히려 나 자신이었습니다. 분해서 참을 수가 없었습니다. 죄를 지은 것도 아닌데 왜 비참한 기분을 느껴야 하는가, 대체 이것은 누구 탓인가, 무엇이 잘못인가.

어떤 상황에서 열등감과 굴욕감, 비참함을 느끼는 것은 어디까지나 제 마음이었습니다. 누군가 혹은 무언가가 그렇게 느끼게 한 것은 아닙니다. 그런데 뭔가를 탓하고 싶었던 이유는 제 내면의 나약함을 외면했기 때문입니다.

무슨 일이 일어나서 마음이 흔들릴 때 실제로 타인이나 환경이 원인일 수도 있습니다. 하지만 그렇게 느끼는 것은 자기 자신의 마음입니다. 마음의 동요를 타인이나 환경 탓으로 돌린다고 해서 불합리함이 사라지는 것은 아닙니다. 그러면 자기 탓인가 하면 그것도 아닙니다. 불합리한 일이 일어나거나 불이익을 당했다고 해서 누군가의 잘못이라거나 무언가가 문제라고 생각할 필요는 없습니다.

지금까지 읽은 내용을 곰곰이 생각해보세요. 약해진 마음은 우리에게 '부족한 것을 보충하라'고 말해줍니다. 요컨대 능력이나 지식이 부족하다는 경고죠. '나쁘다'는 것이 아닙니다. 그런데도 '누구 탓인가'라며 범인 찾기를 하는 이유는 내가 '약해져 있는 상태'를 부정하기 때문일 것입니다.

아무리 멘탈을 건강하게 만들어도 눈이 보이지 않는 것은 변함이 없습니다. 그래서 지금도 불합리하다거나 불이익을 당했다고 느낄 때가 있습니다. 하지만 이제는 그게 누구의 탓도 아니라는 것을 잘 알고 있습니다. 물론 제 탓도 아닙니다. 눈이 잘 보이지 않는 것을 변명거리로 삼지 않으려고 조심하다 보니 '능력 부족'을 보충하기 위한 준비나 연구, 노력하는 데 좀 더 집중하게 되었습니다.

타인이나 환경을 탓하는 것은 아무런 도움이 되지 않습니다. 그렇다고 '내 잘못'이라고 자책해봤자 아무 소용없습니다. 외부에서 원인을 찾고 탓하다 보면 화낼 일도 아닌 사소한 일에 마음이 흔들리게 됩니다.

타인이나 환경을 탓하고 싶을 때 그것을 해결해야 할 과제로 삼고 '잘못해서'가 아니라 '능력이 부족해서'라고 생각해보기 바랍니다. 그래야 약해진 마음을 인정하고 진정으로 강해질 수 있습니다.

◆

제2장

약해진 마음을
인정하는 연습

성실한 사람이
유리멘탈이 된다

　기분 나쁜 일을 당하거나 일이 잘 풀리지 않거나 불합리한 상황에 처한다면 누구나 우울할 것입니다. 시험을 치거나 면접을 보는 등 중요한 일을 앞두고 불안한 것도 당연합니다. 결정적인 순간에 자신의 부족한 면을 발견하고 부정적인 감정에 휩싸여도 괜찮습니다. 쉽게 진정이 되지 않는다면 혼자 조용히 시간을 보내도 이상하지 않습니다.

　왜 여러분은 그런 자연스러운 반응을 나약하다고 생각할까요? 우울해하거나 불안해하고 고민하는 모습을 사람들에게 보여줄 필요는 없습니다. 하지만 혼자 있을 때조차 그런 감정을 숨기고 무시하는 이유는 무엇일까요? 혹시 약한 마음을 인정하는 게 두렵거나 부끄러운가요? **여러분을 지키기 위해 경고를 해주는 감정을 부정하는 것이야말로 마음을 약하게 하는 원인입니다.**

"업무 계약이 갱신되지 않아서 무척 낙담했어요."

얼마 전 직장을 잃은 30대 여성이 이런 고민을 털어놓았습니다.

"어서 다음 일을 찾아야 하는데 일하고 싶은 의욕이 생기지 않아요. 어떻게 하면 힘이 날까요?"

"그 사실을 안 건 언제인가요?"

"어제입니다."

나는 그녀에게 이렇게 대답했습니다.

"어제요? 힘이 없는 게 당연하죠. 앞으로 2~3일 더 낙담한 채로 지내보면 어때요?"

우리의 마음은 불리한 상황이나 난감한 현실에 직면하면 울적해집니다. 그래서 누구에게도 방해받지 않고 조용히 현상을 파악하기 위해 혼자만의 세계에 틀어박히려고 합니다.

저에게 '우울해하라'고 권유받은 그녀는 "그런 말을 들은 건 처음이에요."라고 웃으며 대답했습니다. 훗날 그녀는 "실컷 우울해했더니 다음 날 아침이 되자 힘이 나서 일을 구하러 나갔답니다."라고 소식을 전해주었습니다.

'우울하다고 인정하고 나니 힘이 난다', '불안한 마음을 털어 놓자 왠지 모르게 안도감이 밀려온다'. 이런 비논리적인 현상이 일어나는 것이 인간의 마음입니다. 결코 이상한 현상이 아닙니다. 마음이 쉬이 약해지는 데는 분명 의미가 있습니다. 그리고 이런 반응이 나타나는 이유는 여러분을 보호하기 위해서입니다.

모든 감정에는
이유가 있다

어떻게 해야 마음이 약하다는 것을 순순히 인정할 수 있을까요? 먼저 '그렇게 느끼는 데는 다 그럴 만한 이유가 있다'는 것을 스스로 이해해야 합니다. 극단적인 예로, 일자리를 잃거나 가족이 죽으면 당연히 실의에 빠지겠죠. 이렇듯 다 이유가 있습니다.

누가 들어도 객관적으로 이해할 만한 이유가 있는 경우도 있지만 그렇지 않은 경우도 있습니다. 문자 메시지를 보내고 2~3분도 안 되어 '왜 읽어놓고 답장이 없지' 하면서 불안해하는 등 객관적으로 봐도 도가 지나치거나 왜 그렇게 느끼는지 도저히 이해하기 힘든 경우입니다.

만약 '이런 사소한 일로 우울해하다니 한심해'라는 생각이 들어도 '그렇게 느낄 만한 이유가 있다'는 것을 절대로 잊지 마세요.

저는 친구와 오후 1시에 만나기로 했다면 30분 전에는 약속 장소에 도착해야 마음이 편합니다. 행여 차가 막히거나 전철이 지연되면 약속 시간 5분 전이어도 좌불안석하여 어쩔 줄 모릅니다. 물론 약속 시간에 늦은 적은 한 번도 없습니다. 일찍 집을 나서니 변수가 생겨도 초조해할 필요가 전혀 없죠. 친구와의 약속이라면 조금 늦어도 친구가 이해해주리란 것을 잘 알면서도 웬일인지 마음이 몹시 불안합니다.

이런 제 모습이 한심하다고 생각할 수도 있습니다. 하지만 그렇게 느낄 만한 이유가 있다는 것을 의심하지 맙시다. 저는 원래 정해진 시간은 반드시 지키려고 하는 편입니다. 게다가 시각장애인이 되고 나서는 전철을 놓치거나 반대 방향으로 타고, 길을 몰라서 헤맨 경험이 여러 번 있어서 더 불안해하는 것입니다.

예상하지 못한 일이 생겨도 늦지 않게 여유를 갖고 도착할 수 있음에 안도하고, 반대로 여유가 없이 도착하면 굉장히 불안해합니다. 가치관이나 경험 등 다양한 요인들이 섞여서 그렇게 느끼는 것입니다.

'그렇게 느낄 만한 이유가 반드시 있다'고 하지만 객관적으로 누가 봐도 이해하기 어려울 때도 있습니다. 그래도 여러 주관적 요인들이 얽히거나 의미가 있어서 그렇게 느낀다고 생각해야 합니다. 설령 의사나 심리 카운슬러가 이해하지 못해도, 여러분 자신이 자각하지 못해도 여러분의 마음은 그 '이유'를 알고 있습니다.

마음이 약한 건
인간적이라는 말

아내는 2011년 3월 11일, 동일본대지진이 있던 날, 신경내과에서 우울증 진단을 받았습니다. 그 후에 2년 동안 일을 쉬었습니다. 직접적인 원인은 과로입니다.

사실 몇 개월 전부터 징후가 있었습니다. 퇴근 후 집에 돌아와도 기분이 울적한지 밥을 잘 먹지 못했고 음주량이 늘었습니다. "정말 괜찮아?"라고 몇 번이나 물었지만 아내는 매번 괜찮다고 했습니다. 결국 불안해서 전철을 탈 수 없을 정도가 되어서야 휴직을 결심했습니다.

나중에 들어보니 아내에게도 역시 이유가 있었습니다. 불안해서 회사에 가지 못하게 된 '그렇게 될 만한 이유'가. 당시 아내의 부서는 어떤 불합리한 안건으로 골치를 앓고 있었습니다. 누가 손을 대도 잘 해결되지 않는 일이었죠. 그런 부서의 관리를 떠맡자 성실하고 사람 좋은 아내는 거절하지도 누군가에게 떠넘기지도 못했습니다. 부정적인 기분을 꾹꾹 누르고 마냥 열심히 일했던 겁니다. 우울과 불안, 식욕부진, 불면증과 같은 징후가 있었는데도 저는 전혀 눈치채지 못했습니다. '좀 더 빨리 알아차렸더라면' 하고 몇 번이나 후회했는지 모릅니다.

아내와 같은 상황에 처해도 '어차피 망할 일, 못해도 괜찮아' 하면서 뻔뻔하게 대처하는 사람이 있는가 하면 그렇지 않은 사람도 있을 것입니다. '다들 아무렇지 않은데 이런 사소한 일로 힘들어하다니' 생각하며 스스로 한심하다고 느낄 때도, 스스로가 이해하기 어렵고 납득이 되지 않을 때도 내면에는 '그렇게 느낄 만한 이유'가 반드시 있습니다.

타인과 비교하거나 보편적인 관점에 맞추려고 할 필요는 없습니다. 자기 자신이 느끼는 것만이 진실이니까요. 지금까지 많은 사람들을 상담했지만 그들의 이야기를 듣는 동안 '그렇게 느낄 만한 이유'가 없는 사람은 단 한 사람도 없었습니다. 객관적으로 보면 이해하기 어렵더라도 당사자의 이야기를 유심히 귀 기울여 들으면 반드시 이유가 있었습니다. 이는 매우 자연스러운 반응이며 지극히 인간적인 모습이라고 할 수 있습니다.

　아무리 이해하기 힘든 감정이라도 '그렇게 느낄 만한 이유가 있다'고 믿고, 설령 명확한 이유를 찾지 못해도 '잘 모르겠지만 분명 이유가 있을 거야'라고 생각하세요. 그리고 나서 '누구나 겪을 수 있는 인간적인 보통의 반응이다'라고 인정하는 것입니다. 그것이 마음을 강하고 단단하게 만드는 기준이 됩니다.

왜 다른 사람의 시선이
신경 쓰일까

사람들이 자신을 어떻게 보는지 걱정하는 사람이 적지 않습니다. 이런 사람의 주변 사람들은 "미움 좀 받으면 어때. 괜찮아." 하면서 신경 쓰지 말라고 할 것입니다. 하지만 이는 잘못된 조언입니다. **타인의 시선이란 죽음의 공포를 느끼게 할 만큼 위험한 것입니다. 신경이 쓰이는 것은 자연스러운 반응이죠.**

인간은 혼자서는 살 수 없는, 아주 나약한 동물입니다. 동료와 협력하여 함께 살도록 적응되어 있어 집단에서 쫓겨나면 죽음을 선고받은 것이나 다름없습니다. 물론 현대사회에서는 다른 사람에게 아무리 미움을 받아도 죽지는 않습니다. 하지만 외톨이가 될지 모른다는 공포를 느끼는 것은 우리의 정신 구조가 수렵 채집 시대부터 변하지 않았기 때문입니다. 즉, 여러분이 타인의 시선을 신경 쓰고 미움받고 싶지 않다고 느끼는 것은 자연스러운 반응입니다.

저는 시각장애인이 되고서 사람들의 시선을 더 신경 쓰게 되었습니다. 얼핏 보면 보통 사람으로 보여서 굳이 장애가 있다고 제가 먼저 말하는 것을 꺼렸기 때문입니다. 하지만 묘하게 난감할 때가 있습니다. 예를 들면, 매장에서 멤버십 가입을 하려고 개인정보를 직접 작성할 때입니다. 제 경우는 글자나 숫자를 잘 인식하지 못해서 눈을 종이에 바짝 대고 필기 칸을 찾거나 칸에 맞춰 글자를 쓰지 못하는 등 의도치 않게 눈에 띄게 행동하기도 합니다. 이럴 때 나를 이상하게 보겠구나 싶어 몹시 신경을 썼습니다. 물론 지금도 신경이 쓰이기는 하지만 전과 달리 타인의 시선이 두려워 전전긍긍하지 않습니다. 왜냐하면 타인의 시선을 신경 쓰는 게 당연하다는 걸 알기 때문입니다.

여러분이 타인의 시선을 신경 쓰는 것도 이유가 있어서입니다. 명확한 이유를 몰라도 의미 없이 타인의 시선을 신경 쓰지는 않습니다. 중요한 것은 그 의미를 알고 행동을 변화시키는 것입니다. '신경 써서는 안 돼', '신경 쓸 필요 없어'라고 부정하면 사람들의 시선을 신경 쓰는 자신을 탓하게 됩니다. 그러면 더욱 다른 사람들의 시선을 신경 쓰게 됩니다.

타인의 시선을 신경 쓰는 것은 사회성이 있다는 증거일 뿐, 자신을 한심하게 보거나 탓할 일은 아닙니다. 그러니 강한 척은 이제 그만합시다. '나는 지금 미움받을까 봐 겁이 나는 거구나'라고 자신의 상태를 인식하는 것부터 시작하세요.

"나를 미워할까 봐
걱정돼."

'사람들에게 미움을 받을까 봐 두려워', '이상하게 보이지 않을까', '어떻게 보일지 신경 쓰여'.

이렇게 타인의 시선을 신경 쓰는 것은 결코 이상한 일이 아닙니다. 우리의 마음은 다른 사람과 어떻게 관계를 맺느냐가 생사를 가르던 시대에 적응하도록 만들어졌습니다. 정도의 차이는 있어도 사람들의 시선을 전혀 신경 쓰지 않는 사람은 없습니다. 그렇지 않으면 화장하고 옷을 고르고 유행에 민감하게 반응하는 등 사람들에게 잘 보이려고 노력하지 않을 것입니다. 모두가 타인의 시선을 신경 쓰면서 살아갑니다.

그러면 이 인류보편적인 '타인의 시선을 신경 쓰는 습관'을 어떻게 받아들이면 좋을까요? 먼저 절대 해서는 안 되는 것이 있습니다. 바로 호감을 얻으려고 지나치게 노력하는 것입니다.

다른 사람이 여러분에 대해 어떻게 느끼는가. 이는 어디까지나 결과입니다. 사랑받으려고 욕심을 부리면 '사람들에게 어떻게 보일까'라는 생각에 휘둘리게 됩니다. 주객이 전도되어 사람들의 시선을 더욱 신경 쓰게 되는 것이죠.

사람들의 시선이 신경 쓰인다는 감각은 '미움을 받을지도 모른다, 필요 없는 존재가 되는 게 아닌가, 나를 원하지 않는 것 같다'라는 여러분 자신의 의심이 만들어낸 경고입니다. 그 의심은 무시해도 지워도 어물쩍 넘겨도 따라옵니다. 이를 불식하는 방법은 자신이 잘하는 무언가로 누군가를 도와줘서 호감을 얻거나, 주변 사람들에게 필요한 사람이나 원하는 사람이 되는 것입니다. 다시 말해 행동을 변화시키는 수밖에 없습니다.

시력을 잃은 후 몇 년 동안은 다른 사람에게 미움받고 싶지 않아서 필사적으로 호감을 사려고 했던 것 같습니다. 눈을 통해 얻는 정보가 적다 보니 아무래도 다른 사람보다 일하는 속도가 느립니다. 그렇다면 다른 사람의 몇 배나 준비하고 머리를 회전시켜서 결점을 보완해야 한다고 생각했습니다.

하지만 어느 날 깨달았습니다. 아무리 노력해도 평범해질 수 없다는 사실이었죠. 그렇다면 눈이 잘 보이지 않는다는 점을 잘 활용하여 사람들에게 도움이 되는 삶을 살아야겠다는 생각이 들었습니다.

눈이 잘 보이지 않으면 청각이 예민해진다고 앞에서 말했습니다. 제 경우 귀의 감각만이 아니라 마음과 같이 보이지 않는 것, '개념적인 것을 가시화하는 능력'도 향상되었습니다. 그러한 능력을 살려서 카운슬러라는 일을 시작하여 결과적으로 사람들에게 필요한 사람, 원하는 사람이 되고 나니 더 이상 사람들의 시선이 신경 쓰이지 않게 되었습니다. 미움을 받지 않는 것, 호감을 얻는 것이 목적이 되어 자신의 결점을 알면서도 어물쩍 넘겼다면 저는 지금도 타인의 평가에 휘둘리고 자신을 믿지 못했을 것입니다.

사람들의 시선을 신경 쓰는 것은 결코 이상한 일이 아닙니다. 자연스러운 반응이며 애써 없애려고 하지 않아도 괜찮습니다. 그리고 억지로 호감을 얻으려고 하지 않아도 됩니다. 여러분이 할 수 있는 일로 타인에게 도움이 되고, 결과적으로 호감을 얻는다면 사람들의 시선에 휘둘려서 고민하는 일도 사라질 것입니다.

마음속 '불안도깨비'와
이별하는 법

많은 사람들이 '불안을 없애는 방법'을 알고 싶어 합니다. 물론 그 마음은 충분히 이해합니다. 저도 인간관계, 외출, 장래 등 만사가 불안해서 아무것도 하지 못했던 적이 있습니다. 하지만 그러한 불안은 전부 의미가 있어서 생긴 것입니다. 적이라며 멀리할 게 아니라 사이좋게 지내며 이용해야 합니다. 불안을 '내비게이션'이라고 생각하면 이해하기 쉬울 겁니다.

내비게이션에 목적지를 설정하면 목적지까지 가는 길을 자동으로 안내해줍니다. 만약 길을 잘못 들면 내비게이션은 '경로를 재탐색합니다!' 하면서 가는 길을 수정하라고 알려줍니다. **불안도 마찬가지로 '행동을 수정하세요'라는 경고입니다.** 불안의 경고를 무시하고 참고 지내는 것은 시끄럽게 울리는 알람시계를 이불로 덮어버리는 것과 같습니다.

있어서 당연한, 자연스럽게 나타나는 불안을 부정하고 싶어서 더 커진 불안을 저는 '불안도깨비'라고 부릅니다. 지금까지 경험상, 불안해서 고민한다는 사람의 불안 중 90퍼센트는 이 불안도깨비였습니다.

어떤 권투선수를 상담했을 때의 일입니다. 그는 '불안을 없애고 싶다'고 했습니다. 원래 신체적으로도 기술적으로도 강한 선수였습니다. 그런데 확실히 이길 것을 장담했던 시합에서 지면서 몸이 자신의 생각대로 움직이지 않게 되었고 이후 다른 시합에서도 연달아 패배했습니다.

어떻게 하면 불안을 없앨 수 있을지 조사하고 다양한 시도를 했다고 합니다. 프로 야구선수가 슬럼프에 빠질 때 다니는 전문병원에서 치료를 받고 '불안해지지 않는 암시'도 걸어봤지만 뭘 해도 시합 전 불안 증세는 사라지지 않았습니다.

'불안이 없어지지 않는 한 절대 이기지 못할 것 같아. 이제 어떻게 해야 할지 모르겠어'라는 생각은 불안도깨비의 전형적인 예라고 할 수 있습니다. 처음 그를 만났을 때, 저는 이렇게 물었습니다.

"왜 불안이 커졌는지 아세요?"

그는 "제 정신 상태가 약해서 그런 게 아닌가요?" 하고 대답했습니다.

"그건 아닙니다. 불안을 부정하고 강한 척해왔기 때문입니다. 그래서 불안이 오히려 더 커진 것이죠. 냉정하게 생각해보세요. '또 졌잖아'라고 불안에 사로잡히는 것이 그렇게 이상한 일인가요? 중요한 시합이라면 더 불안해하는 것이 당연합니다. '불안해지는 것'이 정답이겠죠."

그에게 선택지는 두 가지밖에 없습니다. 도망치거나 싸우거나. 즉 시합을 포기하고 패배하여 기대를 저버림으로써 위험을 제로로 만들 것인가, 아니면 이겨서 주변 사람들의 기대에 부응할 것인가 중 하나를 선택해야 하죠. 이 경우, 위험을 피하는 것이 가장 현명한 선택이었습니다. 불안이란 감정은 그 선택으로 이끄는 동기부여였던 셈입니다.

그는 '불안을 부정한다'는 자각마저 없었습니다. 코치가 늘

그에게 "네가 불안한 건 마음이 약하기 때문이야!"라고 했다고
합니다. 그가 불안을 부정하고 계속 강한 척한 것은 주변 사람
들이 그런 모습이기를 강요했기 때문입니다.

그는 저와 대화하면서 불안은 적이 아니라 오히려 내 편이었
다는 것을 깨달았다고 합니다. 시합 일주일 전에 그는 이렇게
말했습니다.

"여전히 불안합니다. 질까 봐 두렵습니다. 하지만 지금은 불
안해질까 봐 불안하지는 않습니다."

연습량을 늘려도, 새로운 기술을 고안해도, 상대의 전술을 완
벽하게 분석하고 대응하려고 해도 불안을 완전히 없애는 것은
불가능합니다. 이긴다는 확신도 할 수 없습니다. 아무리 준비해
도 불안한 마음은 남죠. 운동이든 일이든 인간관계든 모두 마찬
가지일 것입니다.

그래도 불안으로 나타나는 경고를 따라 해야 할 일을 전부 해
냅니다. 그러면 '할 수 있는 것은 전부 했다'는 자신감, 자신에
대한 믿음이 생깁니다. 그것이 내면에서 우러나오는 진정한 강
인함입니다.

그의 시합 결과를 알려드리면 판정승이긴 하지만 오랜만에

승리했다고 합니다.

불안은 나쁜 것도 우리의 적도 아닙니다. 오히려 내 편이며 안전하게 살아갈 수 있도록 안내해주는 내비게이션입니다. **불안한 것은 여러분의 마음이 약해서가 아니라 오히려 위기관리에 뛰어난, 훌륭한 마음을 가졌다는 증거입니다.** 그러한 강점이 있기에, 안전하게 살아가기 위해 일단 '불안해진다는 것'을 깨닫기를 바랍니다.

불안이 찾아오면
생각을 멈춘다

어떤 일을 시작도 하기 전에 잘 해낼 수 있을지 걱정하고 불안을 느끼는 것은 아주 자연스러운 일입니다. 그러한 감정을 무시하면 불안은 점점 더 커집니다. 스스로 '불안도깨비'를 만들지 않기 위해 빨리 대처해야 합니다.

불안할 때 가장 해서는 안 되는 것은 과도한 사고, 다시 말해 생각을 지나치게 많이 하는 것입니다. 최악의 결과를 그려보고 대비해두기 위해 걱정거리를 밝혀내는 등 어느 정도 생각하는 것은 필요합니다. 다만 이후 어떻게 대처하느냐가 결과를 바꿈니다. 생각에 매몰되어 행동하지 않고 정말로 괜찮을지 따져보기만 하고 불안을 안심으로 바꾸려고 한다면 불안은 오히려 점점 더 커집니다.

코로나바이러스감염증이 현저해지기 시작할 무렵, 특히 시무라 켄志村けん(1970년대부터 꾸준히 왕성한 활동을 했던 일본의 코미디언—옮긴이)이 사망한 이후, 불안을 호소하는 사람이 급증했습니다. 어린 시절부터 봐왔던 가까운 존재가 코로나바이러스감염증으로 목숨을 잃은 것입니다. '위험이 코앞까지 닥쳐왔다'는 경고의 의미로 불안 증상이 심해지는 건 자연스러운 현상입니다.

문제는 할 수 있는 일들이 제한되어 생각할 시간이 길어졌다는 데 있습니다. 텔레비전과 각종 인터넷뉴스 등 막연히 눈과 귀로 들어오는 정보를 바탕으로 생각할 시간이 많아졌다면 불안이 커지는 것도 당연한 결과일 것입니다.

불안이란 '위험에 대비하세요'라는 경고입니다. 수렵 채집 시대로 돌아가서 생각해봅시다. 가령 올해 겨울은 작년보다 더 춥겠다고 예상한 사람이 있다고 합시다. 그러면 무사히 겨울을 날 수 있을지 불안합니다. 모피가 더 필요한지, 비축량을 작년보다 더 늘려야 할지 등 굳이 걱정거리를 찾아냅니다.

문제는 그 후입니다. 불안을 행동으로 바꿀 것인가? 그대로 생각만 할 것인가?

정답은 물론 전자입니다. 불안하다면 이를 해소하기 위해 행동을 해야 합니다. 막연히 '이대로 괜찮을까' 하면서 아무리 생각을 거듭해봤자 상황은 달라지지 않습니다. 그리고 깊이 생각해봤자 불안이 사라지지도 않습니다. **행동을 바꾸라는 경고인데도 행동하지 않고 생각만 하는 상태, 우리는 흔히 이런 상태를 '고민한다'고 말합니다.**

태풍이 다가오는 것이 불안합니다. 그렇다면 덧문을 닫거나 비축물을 확인하는 등 생각은 적당히 하고 행동을 해야겠죠. 다음 주에 있을 프레젠테이션을 잘할 수 있을지 불안하다면 자료를 반복해서 읽고 발표 연습을 해야 합니다. 손과 발을 사용하여 물리적으로 몸을 움직이는 것이 중요합니다.

저 또한 작은 일에도 쉽게 불안해하는 경향이 있어 이 점을 특히 조심합니다. 최소한의 생각만 하려고 해도 필요 이상으로 생각해서 '고민'의 영역에 들어가곤 하거든요. 그럴 때는 서둘러 정신을 차리고 일단 행동하려고 합니다.

불안을 자연스러운 현상으로 인정하고 걱정거리를 찾아냈다면 바로 행동으로 옮기세요. 이 점만 유의하면 불안을 최소화할 수 있습니다.

"그냥
불안해해도 됩니다."

불안한 상태가 지속되면 기분이 썩 유쾌하지 않습니다. 그래서 대부분의 사람들은 당장 어떻게든 불안을 해소하고 싶어 합니다. **하지만 불안을 없애려고 하면 할수록 불안은 강화됩니다.**

"전신마취 수술을 받게 되었는데 정말로 괜찮을까요?"

이런 고민으로 찾아온 여성이 있었습니다. 전신마취를 하는 큰 수술을 앞두고 있으니 불안해하는 게 당연했습니다. 그런데 그녀는 이렇게 말했습니다.

"남편과 의사, 간호사에게 고민을 털어놨어요. 다들 괜찮으니까 걱정하지 않아도 된다는 말만 했습니다."

그녀는 수술에 대한 불안과 더불어 불안해하는 자신을 누구도 이해해주지 않는 것에 더욱 불안을 느꼈던 것입니다. 이렇게 자연스럽게 생긴 불안을 없애려고만 하면 불안은 오히려 중첩됩니다.

"그런 상황이라면 불안을 느낄 수밖에 없어요. 제가 같은 입장이라면 당신만큼은 아니더라도 다소 불안해했을 겁니다."

저는 그녀의 불안 증상을 인정해주었습니다. 그러자 그녀는 조금 차분해진 어조로 말했습니다.

"그렇죠? 불안한 게 당연한 거죠? 그건 그렇고 이 불안을 어떻게 하면 좋을까요?"

"아무것도 하지 않아도 괜찮습니다. 수술은 의사가 할 테니 당신은 불안한 채로 잠들어 있으면 됩니다."

이렇게 말하자 그녀의 목소리는 더욱 차분해졌습니다. 불안을 인정받자 마음이 훨씬 가벼워진 것입니다.

그 후 그녀가 했던 말이 아주 인상적이었습니다.

"그렇군요. 저는 왠지 불안을 없애지 않으면 안 된다고 생각했어요."

불안이란 미래에 일어날 일에 대비하기 위한 감정입니다. 가능한 한 위험을 피하기 위한 준비는 해야 합니다. 하지만 대비하는 데도 한계가 있습니다. 실제로 아무리 대비해도 완벽한 안전을 확보하는 것은 불가능합니다. 수술이든 프레젠테이션이든 노후 준비든 마찬가지입니다. 반드시 일말의 불안은 남습니다.

'불안을 없애지 않으면 안 돼'라고 생각하면 차분히 있을 수가 없겠죠. 이를 불식하기 위해 기를 쓰고 쓸데없는 불안거리를 늘립니다. 이렇게 스스로 불안을 쌓아가는 것이야말로 문제입니다. 실제로 저도 커다란 회장에서 강연할 때는 며칠 전부터 불안합니다. 전날 잠을 이루지 못할 때도 자주 있습니다. 하지만 그런 증상을 이상하다고 생각하지 않습니다. 할 수 있는 준비를 다 하고 나서 느끼는 불안은 소풍 가기 전날의 설렘과 크게 다르지 않습니다. 새로운 일에 도전할 때 느낄 수 있는 감각이라고도 할 수 있습니다.

불안은 없애려고 하면 더 커집니다. 일말의 불안이 남는 건 자연스러운 현상입니다. 전부 없앨 필요는 없습니다. 그 상태에서 행동으로 옮기면 됩니다.

이유가 있어서 불안한 것은 오히려 건강하다는 증거입니다. 할 수 있는 준비를 다 했다면 불안해도 할 일을 하면 됩니다. 스스로 불안을 늘리지 않도록 현재 느끼고 있는 불안을 인정하면 쓸데없이 불안해하느라 시간과 수고가 드는 일도 줄어들 것입니다.

마음의 고통은
인생의 성장통이다

명확한 이유가 있어도 계속 우울하거나 불안해하고 싶은 사람은 없습니다. 정신적인 고통을 느끼게 하니까요. 할 수만 있다면 피하고 싶을 겁니다. 하지만 이는 근육량을 늘리고 싶다고 말하면서 근육통을 피하려는 것과 같습니다. 자신의 마음 상태를 인정하고 고통을 받아들이지 않는 한, 강인함이라는 정신적 근육은 생기지 않습니다.

일하다 실수를 해서 상사에게 야단을 맞고 의기소침해지는 것은 자연스러운 반응입니다. 무력한 자신을 바라보는 건 힘든

일이지만 고통을 느껴야 개선의 의지도 생기는 법입니다. 얼렁
뚱땅 넘기고 상사나 회사를 탓하며 실수한 것을 잊어버리려고
하면 부족한 점을 보충하기 위해 노력하지 않을 테고 성장하지
도 못할 것입니다.

인간의 몸은 수많은 보상 작용에 의해 유지된다고 앞에서 이
미 설명했습니다. 근육통과 초과 회복excess recovery과의 관계가 대
표적인 예입니다. 고강도 운동을 하면 근섬유가 손상됩니다. 만
약 근육이 말을 할 수 있다면 이렇게 말하겠죠.

"이런 고강도 운동을 할 거면 근육량을 더 늘리고 나서 해."

환경이 변하면 부족한 것을 보충하려는 보상 작용이 일어납
니다. 충분한 휴식과 영양을 섭취하면 며칠 후에 근섬유가 조금
굵어지면서 몸이 회복하죠. 이것이 바로 초과 회복의 뜻입니다.
그와 같은 보상 작용은 마음에도 작용합니다.

**여러분의 마음이 약하고 환경 변화에 적응하지 못한다면 마
음 근육이 부족하다는 뜻입니다. 우울이나 불안과 같은 마음이
보내는 경고와 정신적 고통을 무시했기 때문입니다.** 고통을 인
정한다는 것은 '부족함'을 인식한다는 뜻입니다. 자신의 능력이
부족하다는 것을 자각하고 위기의식을 느낀다면 부족한 부분

을 보충하기 위해 행동하게 될 테고 이를 통해 부단히 성장할 것입니다. 그러면 같은 일이 다시 일어나도 예전만큼 고통스럽지 않을 것입니다. 급격한 환경 변화, 불합리한 일이나 부조리한 일에 피하지 않고 맞서는 것만이 강한 마음을 만드는 유일한 방법입니다.

저는 약한 마음을 마주하고 정신적인 고통을 느끼는 것이 싫지는 않았습니다. 왜냐하면 고통이 지나가면 더 단단해질 거라는 확신이 있었기 때문입니다.

담당하던 강의가 좋지 않은 평가를 받은 적이 있습니다. 평가 내용을 읽기가 무척 힘들었습니다. 인정하는 건 더 힘들었습니다. '제대로 듣긴 했나'라며 수강자를 탓하기도 했습니다. 순수하게 우울해하려면 용기가 필요합니다. 단, 시간이 좀 걸려도 '다 내가 능력이 부족해서다'라고 인정하면 '더 알기 쉽게 설명해야겠다. 이런 점을 보완해야겠구나'라고 생각하게 됩니다.

정신적 고통에서 도망치며 남을 탓하지 않고 부족한 능력을 보충한 결과, 제 마음은 아주 튼튼해졌습니다. 그러자 전보다 고통이 가볍게 느껴졌고 그때까지 역부족이라고 느꼈던 일에도 도전할 수 있게 되었습니다. 무엇보다 이제 상처받는 것이 두렵지 않습니다.

　여러분은 지금까지 긍정적 사고만 해야 한다고 믿고 강한 척 해왔습니다. 안 좋은 일이 생겨 우울해하거나 불안해하고 그런 자기 자신과 마주하는 것은 굉장히 고통스러운 일입니다. 하지만 이러한 과정은 근육통과 같습니다. 여러 번 경험해서 익숙해지면 정신적 고통도 점차 가벼워질 것입니다.

　평소에 운동하지 않던 사람이 갑자기 근육 운동을 하면 심한 근육통에 시달리게 됩니다. 그와 마찬가지로 지금까지 자신의 약한 마음과 마주하기를 피해온 경우, 처음에는 큰 고통을 느낄지도 모릅니다. 하지만 횟수를 거듭할 때마다 고통은 줄어듭니다. 무엇보다 정신적으로 더 강해지는 것을 깨달으면 약한 마음과 마주하는 것이 즐거워질 것입니다.

◆

제3장

강한 척하며 마음을 괴롭히지 않는 연습

감정을 억지로
바꾸려 하지 않는다

"어떻게 해야 감정을 잘 조절할 수 있을까요?"

이런 질문을 자주 받곤 합니다. 감정이란 마음에서 자연스럽게 일어나는 느낌, 또는 기분입니다. 억지로 바꾸려 하면 더 엇나가게 됩니다.

'우울함을 털어버리고 어서 힘을 내야지.'

이렇게 생각해도 좀처럼 의욕이 나지 않습니다. 긴장하지 말자고 생각할수록 몸과 마음은 딱딱하게 굳어집니다. 감정을 조절하려고 해봤자 뜻대로 되지 않습니다. 오히려 감정에 더 휘둘릴 수도 있습니다.

감정을 원하는 대로 조절하지 못하는 이유는 무엇일까요? 이유는 간단합니다. '조정하다, 통제하다'라는 말의 의미를 '내 마음대로 움직이는 것'이라고 착각하기 때문입니다. 가령 '차를 잘 조정한다'라는 문장은 '차를 내 뜻대로 움직인다'라고 이해할 수 있겠죠. 핸들을 꺾으면 타이어가 어떻게 움직이는가, 기어를 바꾸면 속도가 어떻게 달라지는가. 기계적인 원리만 알면 나머지는 얼마나 연습하느냐에 달려 있습니다. 그러면 언젠가는 차를 원하는 대로 움직일 수 있을 것입니다.

저도 감정을 원하는 대로 조정하려고 여러 차례 연습했습니다. 하지만 잘되지 않았습니다. 여러 번 시도해보니 치명적인 잘못을 발견할 수 있었습니다. 원인은 아주 단순한 데 있었습니다. **마음은 기계가 아니기 때문이었습니다. 감정은 차와 같은 기계가 아니라 '의지가 있는 생물'로 봐야 합니다.** 비유하자면 감정이란 승마할 때의 '말'과 같은 것입니다. 승마 실력이 뛰어난 사람은 말을 기계라고 생각하지 않습니다. 그렇게 생각한다면 말을 잘 타지 못하겠죠. 말과 입장을 바꿔 생각해보세요. 자신을 물건처럼 취급하는 기수를 어떻게 따를까요? 적어도 기분

좋게 느끼지 않을 것입니다.

말이 기수를 무서워하고 싫어하고 경계한다고 합시다. 이렇게 서로 신뢰하지 않는데 말이 기수가 원하는 대로 움직여줄 리 없습니다. 당연히 거부하겠죠. 승마란 사람과 말의 교감이 중요합니다. 말과 협력하는 스포츠이니까요. 감정도 이와 다르지 않습니다. 사고와 감정이 일체가 되지 않으면 눈앞에 있는 장애물을 뛰어넘을 수 없습니다.

감정을 존중하고 대화하고 협력해야 합니다. 감정을 조절한다는 것은 자연스러운 감정을 인정하고 함께 호흡을 맞추는 것입니다. 그런데 많은 사람들이 감정과 씨름하고 억누르는 것을 감정을 조정한다고 착각합니다. 애초에 감정이란 자기 의지대로 눌러 꼼짝 못 하게 할 수 있을 정도로 약하지 않습니다. 감정에 휘둘리는 것은 시간문제입니다. 여러분의 내면에서 사고와 감정이 서로 발목을 잡아당기는 짓을 계속하는 한, 인생에서 맞닥뜨리게 될 장애를 극복하지 못할 것입니다.

삶이란 '감정과 협력하여 장애를 극복하는 스포츠'라고 생각합시다. 일이나 부부관계, 육아, 돈, 건강 등 인생에는 수많은 장애물이 놓여 있습니다. 감정이란 그러한 것을 극복하는 에너지,

다시 말해 의욕을 불어넣는 힘입니다. 이렇듯 감정은 우리를 늘 그림자처럼 따라다니는 소중한 파트너입니다. 이제 그만 씨름하고 서로 협력하기 바랍니다. 그렇게 하면 어떤 장애물이 가로막아도 가볍게 뛰어넘어 앞으로 나아갈 수 있을 것입니다.

'하지 않으면 안 돼'의
세 가지 유형

'좋은 부모가 되지 않으면 안 돼.'

'늘 웃는 모습을 보여주지 않으면 안 돼.'

'일찍 일어나지 않으면 안 돼.'

'즐기지 않으면 안 돼.'

'열심히 하지 않으면 안 돼.'

이렇듯 의무와 책임을 나타내는 '하지 않으면 안 돼'라는 말은 자신의 행동을 제한하는 아주 강력한 힘을 갖고 있습니다. 그만큼 잘못 사용하면 우울하거나 심한 스트레스가 되는 경우도 있으므로 말할 때 주의해야 합니다.

사실 '하지 않으면 안 돼'라는 말은 그리 좋은 말이 아닙니다. 자기도 모르게 이런 식으로 말하는 사람들이 많은데 듣는 입장에서는 족쇄에 묶인 것 같은 답답한 기분이 듭니다. **'하지 않으면 안 된다'보다는 '그렇게 할 수 있으면 참 좋겠다' 정도로 표현하는 게 더 적절합니다.** 또한 하지 않으면 안 되는 것이 너무 많아서 스트레스를 받는 사람도 적지 않습니다. '하지 않으면 안 된다고 말하면 안 되는데'라고 이중으로 자신을 구속하는 사람도 있습니다.

'하지 않으면 안 되는 것'도 부자연스러운 것과 자연스러운 것으로 확연히 나뉩니다. 각 유형을 잘 알고 구분해서 쓴다면 쓸데없는 자기 부정을 하지 않게 될 뿐더러 행동해야겠다는 강한 의욕도 느끼게 될 것입니다.

이제 '하지 않으면 안 돼'의 여러 유형을 살펴봅시다.

1. 감정을 제한하는 유형

'기분 좋게 지내지 않으면 안 된다', '웃지 않으면 안 된다', '타인을 사랑하지 않으면 안 된다', '다정한 부모가 되지 않으면 안 된다'고 하면서 자연스러운 감정과 그에 따른 결과를 제한하는 것은 굉장히 부자연스러운 일입니다.

기분 좋게 하루를 보내고 싶어 하는 건 자연스럽지만 그렇게 보낼 수 있는지 없는지는 기분에 따라 얼마든지 달라질 수 있습니다. 웃을 때도 안도감이나 신뢰감 같은 자연스러운 감정이 없으면 기분 나쁜 억지웃음을 짓게 될 것입니다. '사랑한다'고 말할 수는 있어도 서늘한 곳에서 땀을 흘리지 않는 것처럼 애정을 날조하는 것은 불가능합니다. 자연스러운 감정을 왜곡하려고 '하지 않으면 안 된다'고 고집해봤자 뜻대로 되지 않을 것입니다.

그렇다면 '하지 않으면 안 된다'고 말해놓고 그렇게 하지 못하면 어떻게 될까요? 마치 법을 어긴 범죄자라도 된 양 자신을 탓할 것입니다. 일도 뜻대로 안 풀리고 자기를 부정하는 횟수만 늘어납니다. 그러니 감정을 제한하는 '하지 않으면 안 된다'는 표현은 이제 그만 쓰길 바랍니다.

2. 행동을 속박하는 유형

'회사에 가지 않으면 안 된다', '일찍 일어나지 않으면 안 된다', '다이어트를 하지 않으면 안 된다'고 말하며 감정이 아니라 구체적인 행동에 대해 '하지 않으면 안 된다'고 표현하는 것은 괜찮습니다. 하지만 '정말로 하고 싶지는 않지만'이라는 마음이 포함된 '하지 않으면 안 된다'도 있습니다.

어느 대학에서 학생들을 상담할 때의 일입니다. 한 학생이 상담을 요청했습니다.

"구직 활동을 하다 상처를 받았습니다. 이제 학교에 가는 것도 힘들어요."

자세히 이야기를 들어보니 학생의 아버지가 자신이 인정할 만한 대기업에 들어가지 않으면 안 된다고 말했다고 합니다. 부모의 기대에 부응하려 노력했지만 억지로 의욕을 끌어내려고 할수록 잘되지 않았다고 합니다.

행동을 속박하는 '하지 않으면 안 된다'가 성가신 이유는 자연스러운 감정이 따라오지 않는데도 형식적으로 행동하게 된다는 데 있습니다. 아마도 일단 행동은 할 수 있어도 제 실력을 발휘하지 못할 것입니다. 실제로 그 학생도 서류심사는 통과했는데 면접에서 떨어졌다고 한탄했습니다.

'사실 하고 싶지 않지만 하지 않으면 안 된다'라는 건 자신의 의사가 아니라는 뜻입니다. 다이어트를 해야 할 것 같아서 일단 시작하지만 오래 지속하지 못하는 사람이 많은 이유입니다. '다이어트하는 편이 낫다'는 누군가의 의견에 별생각 없이 따르는 사람이 대부분입니다.

'하지 않으면 안 된다'는 것이 행동을 속박한다는 걸 깨달았다면 정말로 하고 싶은 일인지, 일단 자기 자신의 의지를 확인해보세요.

3. 행동을 독려하는 유형

'이번 기간의 목표는 반드시 달성하지 않으면 안 된다', '시험에 합격하지 않으면 안 된다', '반드시 해내지 않으면 안 된다'는 등 구체적인 행동에 대해 '하지 않으면 안 되는' 것이라고 말하는 건 아주 자연스러운 '하지 않으면 안 되는' 유형입니다. 마찬가지로 '다이어트하지 않으면 안 된다'는 말도 목적이 있는지 없는지, 행동을 속박하는지 독려하는지에 따라 성질이 달라집니다.

"인터넷에서 멋진 남성을 알게 되어 조만간 만나기로 했어. 그때까지 반드시 다이어트에 성공해야 해!"

한 여성이 70킬로그램대였던 체중을 5개월 만에 무려 50킬로그램대까지 줄였고 인터뷰에서 "목표를 이루기 위해 집념으로 뺐다."라고 말했습니다.

힘든 일에 도전하면 좌절할 때도 있습니다. 그럴 때 행동을 지속하도록 독려하고 용기를 주는 '하지 않으면 안 된다'는 말은 목적을 떠올려서 포기하지 않게 해줍니다.

위의 세 가지 '하지 않으면 안 된다' 유형을 잘 살펴보고 구분해 활용하기를 바랍니다. 말이란 강력한 무기지만 스스로 상처를 내기도 하는 양날의 검이기도 합니다. 자신이 무심코 내뱉은 '하지 않으면 안 된다'라는 말이 어디에 해당하는지 알면 상황에 따라 적절히 사용해 쓸데없이 자기 비하나 탓을 하는 일도 줄고 실력을 발휘해야 하는 중요한 순간에는 의욕을 북돋아줄 것입니다.

'~해도 괜찮아'라고
말하는 습관

일이 잘 풀리지 않는 원인 중 하나로 '불안과 긴장이 심해서 힘이 너무 들어가는 것'을 꼽을 수 있습니다. 예를 들어 좋은 부모가 되지 않으면 안 된다고 강요하다 보면 그 기준에서 조금만 벗어나도 과도한 두려움을 느끼게 됩니다. 이런 경우, 육아에 관한 서적을 닥치는 대로 읽거나 "이것저것 해보았는데 뭘 해도 예상과는 다른 결과만 나옵니다."라며 좌절하게 됩니다. 힘이 잔뜩 들어가서 제대로 실력을 발휘하지 못하는 것이죠.

이렇듯 부자연스럽게 '하지 않으면 안 된다'고 자신을 다그치는 것은 있지도 않은 법을 자신에게 지키라는 것과 같습니다. 제한이나 의무, 금지, 벌 등을 자꾸 생각하니 행여 실수할까 봐 겁이 나서 몸과 마음에 힘이 들어가고 일이 더 꼬이는 것이죠.

이런 경우, '하지 않으면 안 된다'를 '해도 괜찮다'라는 허가나 권리의 말로 바꿔보세요. '좋은 부모가 되지 않으면 안 돼'를 '좋은 부모가 되어도 괜찮아'라고, '운동하지 않으면 안 돼'를 '운동해도 괜찮아'라고, '성공하지 않으면 안 돼'를 '성공해도 괜찮아'라고 바꿔서 말하는 것입니다. 의무나 금지, 부담으로 다가왔던 것들이 조금은 가볍게 느껴지나요?

물론 '생활습관이 안 좋아서 생긴 병이니 운동하지 않으면 안 돼'처럼 하지 않으면 큰일 나는 경우도 있을 겁니다. 중요한 건 말이 아니라 행위입니다. 어떻게 말할지는 솔직히 상관없습니다. 하지만 '하지 않으면 안 된다'라는 지나치게 강요하는 말로 생긴 불안, 긴장으로 행동에 제약이 생긴다면 그게 진짜 문제입니다.

'하지 않으면 안 된다'는 제한하는 말입니다. 금지와 의무를 느끼게 하는 만큼 쓸수록 불안과 긴장감이 높아지는 것도 당연합니다. 그것이 너무 심해서 '마음이 따라가지 못하는' 것입니다. **과도한 불안이나 긴장을 해소하려면 '해도 괜찮다'라는 허가의 말로 바꿔 좀 더 긍정적으로 표현하는 것이 효과적입니다.**

'잠을 자지 않으면 안 돼'를 예로 들어보겠습니다. 충분한 수면을 취하는 것은 몸과 마음의 건강에 꼭 필요한 일입니다. 하지만 자야 한다고 지나치게 의식하면 오히려 잠이 잘 오지 않습니다. 제한이나 강제, 의무감이 불안과 긴장을 유발하기 때문입니다. 긴장한 상태에서 푹 잘 수는 없겠죠.

저는 불면을 호소하는 사람에게 "밤이 되면 꼭 자야 한다고 법으로 정해둔 것도 아니고 그저 자도 괜찮은 것뿐이에요."라고 말하기도 합니다. 의무로 느끼는 것을 권리로 받아들이도록 감각을 되돌리는 것입니다. 제한을 허가로 바꾸면 불안과 긴장이 완화되어 결과적으로 많은 사람이 잘 잤다고 느낍니다.

앞에서 소개한 구직 활동을 하다 힘들어진 남학생도 '하지 않으면 안 돼'라는 말을 듣고 불안과 긴장이 절정에 달했을 것입니다. 그래서 아버지가 인정하는 대기업에 합격하기는커녕 '구직 활동을 할 의욕이 나지 않는다'며 행동마저 하지 못하게 되었습니다.

"구직 활동을 꼭 해야 하는 건 아닙니다. 하지 않아도 되고 해도 상관없어요. 물론 아버지가 희망하는 회사가 아니어도 괜찮습니다. 그런 사람이 뭐 한둘인가요. 어떻게 이해를 구할지는 합격하고 나서 생각하면 됩니다."

학생에게 금지나 의무에 대한 부담을 덜어내고 본인 스스로 자신의 미래를 정할 권리가 있다는 것을 계속 알렸습니다. 결국 그는 자신이 일하고 싶은 회사에 아슬아슬하게 합격했습니다. '아버지가 뭐라고 하든 내 인생이니까'라고 말하며 '하지 않으면 안 돼'라는 부담감을 스스로 극복했습니다.

살다 보면 부득이하게 '하지 않으면 안 된다'라는 생각에 사로잡혀 행동할 때도 있습니다. 불안과 긴장은 '허리띠로 쓰기에는 짧고 어깨띠로 쓰기에는 길다'는 말처럼 너무 많아도 별로지만 너무 없어도 좋지 않습니다. 문제가 일어날 때는 그러한 것들이 대체로 너무 많아서 넘칠 때입니다.

부자연스럽게 '하지 않으면 안 되는' 것을 찾았다면 이것을 '해도 괜찮아'로 바꿔보세요. 그렇게 하면 불안과 긴장이 누그러지고 자연스럽게 의욕이 생기면서 실력을 제대로 발휘할 수 있을 것입니다.

긍정적인 척
감정을 속이지 말 것

긍정적인 말은 힘을 줍니다. 그러나 겉으로만 번지르르한 말이라면 오히려 힘을 빼앗길 것입니다.

"할 수 있다고 생각하면 할 수 있다. 할 수 없다고 생각하면 할 수 없다. 이것은 흔들리지 않는 절대 법칙이다."

화가 파블로 피카소가 남긴 말입니다. 피카소가 남긴 작품 수는 판화와 조각 등 회화 이외의 작품까지 포함하면 무려 40만 점이 넘습니다. 하루에 네 점이 넘게 작품을 완성했다는 계산이 나옵니다. 그런 피카소가 한 말이라서 설득력이 있는 것입니다.

"할 수 있다고 생각하면 할 수 있고 할 수 없다고 생각하면 할 수 없다."

자기계발 강연이나 기업연수를 할 때 '그러니 할 수 없다고 말하면 안 돼'라는 메시지를 전하기 위해 자주 인용하는, 긍정적인 말의 견본과도 같은 말입니다. 하지만 정말로 그럴까요? 사실 이 말은 해석이 좀 과합니다.

'할 수 있다고 생각하[면] 할 수 있다'의 [면]이란 조건을 나타내는 접속조사입니다. 하지만 원문을 살펴보면 그런 뉘앙스는 털끝만큼도 없습니다.

"He can who thinks he can, and he can't who thinks he can't."

피카소는 '할 수 있다고 생각하는 사람은 할 수 있으며 할 수 없다고 생각하는 사람은 할 수 없다'는 어찌 보면 당연한 말을 했을 뿐입니다. 그것이 마치 '할 수 있다고 생각한다', '할 수 있다고 말하다'라는 말이 '할 수 있는 것'의 필요충분조건처럼 잘못 전해졌습니다.

그 결과 긍정을 강요하며 말만 긍정적으로 하는 '겉보기에만 긍정적인 사람들'이 생겨났습니다. 이들은 속으로는 도망치고 싫어 하면서도 자신의 마음이 약하다는 것을 인지하지 못합니다. '겉보기에만 긍정적인 사람들'은 부자연스러운 마음을 가진 대표적인 예라고 할 수 있습니다. 사고와 감정의 균형이 깨져서 감정에 발목 잡히는 통에 감정에 쉽게 휘둘립니다.

나아가 그런 자신을 한심하다, 부끄럽다, 꼴불견이다, '난 안 돼' 하면서 부정하면 낙담이나 불안, 우울한 감정이 더욱더 크게 느껴집니다. 사실 이런 '겉보기에만 긍정적인 사람들'이 급증하고 있습니다.

'사내에서 부정적인 말을 하지 않는다'라는 규칙이 있는 벤처기업에서 근무했다는 한 회사원이 이렇게 말했습니다.

"회사에서 긍정적으로 행동하라고 강요하니까 솔직히 너무 힘들어요. 하소연하고 싶을 때도 있는데."

어느 날 그녀는 회사 방면으로 가는 전철을 탈 수가 없게 되었다고 합니다.

"그런 말을 꺼낼 만한 분위기가 아니었어요."

평소 10여 분이었던 출근 시간이 한 시간 가까이 늘어났습니다. 결국 회사에 도착해도 일을 제대로 할 수가 없어 회사를 그만두었습니다. 하소연을 할 수 없으니 부정적인 감정이 배출되지 않고 쌓이기만 했던 것이죠. 도대체 왜 직원들에게 긍정적인 말이나 행동을 강요했을까요?

겉보기에 긍정적인 사람들은 '언제나 긍정적인 모습을 보여야 한다'고 생각하며 부정적인 감정을 드러내길 꺼리는 경향이 있습니다. 하지만 자신이 느끼는 자연스러운 감정을 부정하는 것은 한여름에 땀을 흘리거나 소변이 마려운 것을 부정하는 것과 같습니다. 분명히 한계가 옵니다.

있는 것을 없다고 우기는 것은 억지로 강한 척하는 것입니다. 일시적으로 말이나 행동을 강요할 수는 있어도 기분이나 감정까지 강요하기란 불가능합니다. 계속 그렇게 지내다 보면 감정이 더 이상 견디지 못하고 어떻게든 '의지에 따른 폭주'를 막으려고 할 것입니다. 공황발작과 같은 '감정에 의한 강제집행'이 일어나는 이유는 겉보기에만 긍정적인 태도가 이유가 있는 자연스러운 감정을 묵살하고 억지로 아무 말도 하지 못하게 막기 때문입니다. 감정이 말을 들어주지 않는 것도 당연합니다.

긍정적인 사람들을 탓하려는 의도는 추호도 없습니다. 부정적인 사람을 일방적으로 안 좋게 보는 게 문제라고 생각합니다. 긍정적인 태도가 좋은 것이라는 고정관념에 반박하고 싶기도 하지만 어찌 됐든 겉보기에만 긍정적인 태도가 여러분을 살기 힘들게 한다는 것을 알아주길 바랍니다.

부정적, 긍정적이라는 것은 차의 바퀴와 같습니다. 전자는 '잘 달리기 위한 준비'를 하게 해주고 후자는 '불확실한 미래에 뛰어들기 위한 용기'를 줍니다. 한쪽이 없으면 인생은 잘 굴러가지 않습니다. 양 바퀴가 제대로 달려 있어야 균형 잡힌 인생을 살 수 있습니다.

만약 여러분이 '겉보기에만 긍정적인 태도'에 빠져 있다면 먼저 마음이 보내는 경고를 어물쩍 넘기는 짓은 그만합시다. 감정이 보내는 경고의 의미에 귀를 기울이면 여러분이 어떻게 행동해야 할지 보일 것입니다.

제4장

✦

부정적인 감정을
유리하게 사용하는 연습

부정적인 감정은
인생의 내비게이션

마음이 약해져 부정적인 감정이 생기는 것은 여러분을 지키기 위한 방어 반응이라고 앞서 여러 번 강조했습니다. 이때 감정이 보내는 메시지에 따라 행동을 개선하면 더 안전하게 살아갈 수 있습니다. 여기에서 중요한 것은 감정이 어떤 경고를 하는지 아는 것입니다.

감정이나 감각이란 자동차 내비게이션과 같은 안내 시스템이라고 생각하세요. 목적지는 늘 '안전하고 여유 있게 사는 것'입니다. 감정과 감각은 여러분이 길을 잘못 들어서지 않게 '그

쪽으로 가면 위험해', '이쪽이 안전해' 하며 각종 경고 신호를 보내 안전한 길로 유도헤줍니다.

감정에는 두 가지 종류가 있습니다. 가까이 다가가게 하는 '접근'과 멀리 떨어지게 하거나 대처를 필요로 하는 '회피'입니다. 더 안전한 방향으로 갈 수 있도록 '그대로 가면 돼'라고 유도하는 것은 '긍정적 감정'입니다. 반대로 '이대로 가면 위험해'라고 위험을 알리고 피하거나 미리 대처하라고 안내하는 것은 '부정적 감정'입니다. 예를 들어, 많은 사람들 앞에서 연설하게 되었을 때 불안한 이유는 실수를 하거나 이상한 말을 해서 미움을 사거나 얕잡아 보이지 않도록 경고하기 위해서입니다.

여러분은 어떤 이유에서든 부정적 감정은 되도록 느끼고 싶지 않을 것입니다. 우울이나 불안이라는 감정은 불쾌한 감정입니다. 하지만 불쾌하다고 느끼지 않으면 의미가 제대로 전달되지 않을 수도 있습니다. 스마트폰 긴급재난문자 소리를 떠올려봅시다. 자다가 깜짝 놀라서 벌떡 일어날 것만 같은 불쾌한 소리죠.

만약 알람 소리가 마음이 편안해지는 기분 좋은 멜로디라면 어떻게 될까요? 큰 지진이 일어난 경우, 빨리 인지하지 못하고 도망치는 게 늦어져 위험한 상황에 처할 수도 있습니다.

저는 자주 우울하고 불안해하는 편입니다. 그래서 되도록 그러한 감정을 느끼는 시간을 최소한으로 줄이려고 합니다. 여러분도 그렇지 않나요? 그렇다면 더욱 어린 시절부터 경고의 의미를 잘 읽어내 피하든 대처를 하든 재빨리 감정이 요구하는 행동을 해야 합니다.

이번 장을 통해 부정적 감정이 무엇을 경고하는지 스스로 그 의미를 깨닫는 연습을 하기 바랍니다.

'방심 금물 모드'일 때
마음은 심란해진다

신경이 곤두서고 마음이 어수선하고 어딘가 석연치 않은 감정을 느낀 적이 있나요? 그러한 감정은 부정적 감정의 씨앗입니다. 내일 할 일이 신경 쓰인다거나 마음에 걸리는 말을 들었다면, 혹은 쓸데없는 말을 해버렸다면 선명하지는 않아도 어딘가 신경이 곤두서고 마음이 어수선하고 석연치 않았을 것입니다.

코로나바이러스감염증이 급속도로 퍼지기 시작한 2020년 3월 무렵, 이런 막연한 감정에 관한 호소가 급증했습니다. '전철을 타면 마음이 어수선합니다', '번화가를 걸으면 신경이 곤두

섭니다', '다음 주에 출장을 가야 하는데 왠지 모르게 마음이 불안합니다'라고 말하는 사람들이 많았죠. 사회적 거리 두기 개념이 정착된 지금은 잘 알겠지만 이는 감염에 대한 불안입니다. 의식적으로 그렇게 생각했다기보다 전부터 이런 감정들이 이렇게 경고한 것이죠. '감염될 위험이 높으니 방심하지 말고 주의하라'고 말입니다.

제가 회사에 다니던 20대 시절의 이야기입니다. 일요일 밤이 되면 어쩐 일인지 신경이 한껏 곤두서곤 했습니다. 다음 날 출근에 대비하라는 경고였죠. 특히 이른 아침부터 멀리 출장을 가야 하거나 사람들 앞에서 발표하는 날이 다가오면, 요컨대 긴장되는 일을 하기 전이면 꼭 '긴장의 씨앗'이 생긴 듯 신경이 곤두서고 마음이 어수선하고 어딘가 석연치 않아지곤 했습니다.

이런 감정들은 위험에 대비하여 감각을 날카롭게 세우고 있을 때 느낄 수 있습니다. 알기 쉬운 예로 야생의 사자가 어슬렁거리는 장소에 숨어서 위험이 지나가기를 기다리는 상태나 다름없습니다. 말하자면 '위험 회피 모드'라고 할 수 있죠. 이때는 생각의 폭이 좁아지고 그 외의 것들은 모두 쓸데없는 잡음으로 들려서 사소한 일에도 짜증이 납니다. 물론 식사하거나 잠자거나 긴장을 풀고 쉬기도 어렵죠.

부정적 감정은 스스로를 지키기 위한 아주 우수한 감지기와도 같습니다. 환경이 바뀌고 뭔가 불리한 일이 일어나면 회피와 대처를 촉구하는 부정적 감정이 밀려오는데, 이는 아주 자연스러운 반응입니다. 그 전신인 신경이 곤두서고 마음이 어수선한 단계에서 알아차리면 불안으로 번지기 전에 대비할 수 있습니다.

적어도 '왜 그렇게 느끼는지' 이유를 알면 마음이 진정됩니다. 어제 있었던 일, 다음 날 닥칠 일에 대해 생각해보세요. 대체로 부정적 감정을 느낄 만한 일이 있을 것입니다. 이유를 확실히 알면 신경이 곤두서고 마음이 심란하고 석연치 않은 감정에 휘둘리지 않을 수 있습니다.

짜증은 '위험 회피 모드'의 발동 신호

생각한 대로 일이 풀리지 않을 때, 상대가 좀처럼 이해해주지 않을 때, 어딘가 아프거나 컨디션이 좋지 않을 때 아무래도 '짜증'이 납니다. 짜증이란 대체 무엇일까요?

인간은 위험한 일이나 예측하기 힘든 일, 대처해야 할 일이 생기면 거기에 대비하기 위한 준비를 시작합니다. 말하자면 '위험 회피 모드'로 전환됩니다. 가령 사바나에서 사자의 족적을 발견하면 순간 심장박동이나 혈압이 상승하여 숨이 가빠지고, 동공이 커지거나 근육이 딱딱하게 군죠. 그리고 도주할지 싸울지, 어느 쪽이든 대응할 수 있게 자동으로 자세가 바뀝니다. 동시에 마음 상태도 달라집니다. 빨리 도망치고 싶어서 벌벌 떨든, 빨리 싸우고 싶어서 흥분하든 각자 경험치에 따라 달라지겠지만 어쨌거나 공통적으로 '긴장'을 느낍니다.

위험 회피 모드는 어디까지나 일시적이며 오래 지속되지 않습니다. 코로나바이러스감염증으로 긴급사태가 선언되었을 때우리는 하루 24시간, 그것도 몇 주에 걸쳐 위험 회피 모드에 들어가야 했습니다. 그러한 상황에서 짜증을 느꼈다면 이 또한 너무나도 인간적인, 자연스러운 반응이라고 할 수 있습니다.

다만 이때, 안과 밖 어느 쪽을 보느냐가 차이를 만듭니다. 어떤 일로 짜증이 나면 '짜증 나게 한다'고 타인이나 환경을 탓하지 말고 '짜증이 났구나' 하고 몸과 마음이 위험 회피 모드로 바뀌었다는 것을 인정해주세요. 짜증의 원인을 타인이나 환경에서 찾는 것은 잘못된 생각입니다. 무슨 일이 있든 우리 몸은 이미 그 전부터 위험 회피 모드로 전환되었다고 봐야 합니다. 짜증의 원인을 외부에서 찾으면 다음에는 그 원인에 대해 위험 회피 모드가 더해져 짜증과 긴장의 악순환이 시작됩니다.

짜증이 났을 때는 본인이 느끼는 불안과 긴장에 주목해야 합니다. 불안과 긴장이라는 경고를 '인간적이어서'라는 관용적 태도로 받아들입시다. 그러고 나서 행동을 수정하면 대책을 완벽하게 세웠다고 할 수 있습니다. 예를 들어 일하는 동안에는 졸면서도 할 수 있을 정도의 일상 업무를 제외하면 기본은 비상사태, 위험 회피 모드라고 할 수 있습니다. 쉬는 동안에도 일에 대해 생각하는 사람이 있는데, 그러면 쉽게 짜증이 나는 게 당연합니다.

쉴 때는 어떤 것도 대비하지 않아도 되는 상황을 상상하면서 "좋아, 비상사태를 해제할까?" 하고 말해봅시다. 실제로 소리 내어 말하지 않아도 되지만 그렇게 함으로써 자신의 의지로 '휴식 모드'로 바꾸는 것입니다.

긴장하고 있을 때 얼마든지 짜증의 씨앗을 찾아낼 수 있습니다. 외부에 있는 원인이나 짜증 자체에 주목하지 말고 원래부터 긴장하고 있었다는 것을 깨달아주세요. 부정적 감정을 인정하고 이를 해소할 수 있도록 행동을 변화시키면 쓸데없이 짜증 내는 시간을 최소한으로 줄일 수 있을 것입니다.

문득 옛날 기억에
사로잡히는 이유

지난 기억이 문득 되살아나서 낙심하거나 불안해하거나 석연치 않은 기분에 빠진 적이 있나요? 트라우마를 포함한 과거 기억에 휘둘리면 괴롭습니다. 이런 기억은 '빨리 잊어버리자', '생각하면 안 돼' 하면서 털어내려고 해도 좀처럼 사라지지 않습니다. 힘이 들어가는 만큼 기억도 집요하게 따라옵니다. 다 지난 일이고 과거는 바꿀 수 없다고 생각하면서도 기억은 좀처럼 떨어져 나가지 않습니다.

과거에 있었던 불쾌한 기억이 되살아나는 것도 몸이 보내는

경고 중 하나입니다. **과거의 기억은 현재 여러분에게 일어나는 문제가 무엇인지 알려주는 힌트인 셈입니다.** '지금의 일과는 관계없어. 과거에 있었던 일로 고민하고 있는 거야'라고 생각할 지도 모릅니다. 분명히 과거에 있었던 뭔가가 문제였을 것입니다. 하지만 그 기억을 떠올리는 것은 다른 누구도 아닌 '현재의 당신'입니다.

인간은 당면한 문제로 고민할 때, 무의식중에 비슷한 감정에 빠진 과거의 기억을 찾아냅니다. 일하다 큰 실수를 했던 기억이 났다면 지금 뭔가 실수를 하고 있는지 의심이 들어 불안하다는 뜻입니다. 그 외에도 누군가에게 배신을 당한 기억이 났다면 얼마 전 새로 만난 사람과 관계를 이어나갈지 망설이고 있을 것입니다.

저도 떠올리기 싫은 특정한 기억이 되살아날 때가 있습니다. 눈 수술을 하고 퇴원해서 집에 돌아올 때였습니다. 당시 녹내장 수술을 해서 일시적으로 시력이 크게 떨어져 지금보다 더 보이지 않는 상태였는데, 문제는 계단이었습니다. 계단을 올라갈 수는 있었지만 내려갈 때는 계단의 높낮이를 알 수가 없어 너무 무서웠습니다. 바닥이 있을 거라고 생각하고 발을 내디뎠는데 아무것도 없다는 것은 상상하기도 싫은 공포입니다.

퇴원하는 날 담당 간호사에게 "이런 상태로 집까지 무사히 갈 수 있을지 불안해요."라고 도움을 구했습니다. 다행히 간호사가 역까지 따라와주었습니다. 하지만 인사를 하고 지하철 계단을 내려가려는 순간, 좀처럼 첫발을 내디딜 수가 없었습니다. 그런 불쾌한 기억이 지금까지 여러 번 되살아났습니다.

처음에는 왜 그 일이 생각나는지 의미를 전혀 알 수가 없었는데 나중에 생각해보니 현재 상황과 공통점이 있었습니다. 바로 '뭔가 새로운 일에 도전할 때'였습니다. 한 발을 내딛는 것이 겁이 날 때 그 기억이 떠오르곤 했던 것입니다.

인간이 어떻게 행동하는지 그 방향성을 정하는 것은 대부분 감정입니다. 멋진 이성을 만났을 때, 상대에게 더 다가갈지 말지는 호의와 공포심의 힘겨루기로 결정됩니다. 만약 공포심이 더 우세하면 비슷한 감정을 느꼈던 과거의 기억이 되살아납니다. '그때도 이런 불쾌한 느낌을 받지 않았나' 하고 지금의 감정에 맞는 이야기를 마음속에서 재현하는 것입니다.

중요한 것은 이러한 구조를 이해하고 냉정하게 판단하는 것입니다. 제 경우, 퇴원하는 날의 기억이 문득 되살아났다면 지금 뭔가에 대해 '한 발을 내딛는 게 무섭다'고 느끼고 있다는 것이고 그게 무엇인지는 상황마다 다르겠지만 차근차근 생각해보면 반드시 찾아낼 수 있습니다.

앞으로 나아가기 겁난다는 것을 스스로 알고 있으므로 '괜찮아, 넘어져도 다시 일어날 수 있어. 일단 해보자'라고 자신의 등을 밀어줄 수 있을 것입니다.

열등감과 콤플렉스에
대처하는 법

"큰 실수를 저지른 것도 아닌데 자꾸 주변 사람들의 시선이 신경 쓰입니다."

상담하러 온 입사 2년 차 남성은 직장에서 열등감으로 고민하고 있었습니다. 이렇게 열등감으로 상담하러 오는 사람들이 적지 않습니다. 일을 잘하는 동료를 보며 콤플렉스를 느끼거나 '나를 우습게 보는 건 아닐까' 불안해하고 뒤에서 누군가가 자신에 대해 험담하지 않을까 두려워합니다. 열등감에 사로잡히면 마음이 괴롭습니다. 작은 실수에도 자신을 무능하게 보지 않을까 고민하고 실제로 아무도 뭐라고 하지 않았는데 뒤에서 수군대는 것 같습니다.

이럴 때는 여러분의 속마음을 다른 사람의 시선을 통해 느끼는 것이라고 생각하길 바랍니다. **타인이 나에 대해 어떻게 생각하는지 신경이 쓰인다고 해서 문제의 중심을 타인에게 두어서는 안 됩니다. 모두 여러분 자신의 감정이며 '내 문제'로 인식하는 것이 해결의 첫걸음입니다.** 실제로 누군가에게 불쾌한 말을 들었다고 해도 말입니다.

여러분에게 열등감이 없다면 어떤 말을 들어도 아무렇지 않을 것입니다. 잠깐 화가 치밀어 오르거나 상처를 받아도 다음 날 아침이면 잊어버릴 정도입니다. 자신의 내면에 없는 것을 인식할 수는 없습니다. 타인의 말이나 행동이 어떻든 '나를 우습게 보는구나' 하고 마음에 걸린다면 그것은 여러분 자신의 감정이라고 생각해야 합니다.

이런 상황에서 흔히 '열등감 같은 건 느끼지 않는 게 좋아', '기분 탓이니까 걱정하지 마'라는 조언을 듣습니다. 하지만 저는 반대입니다. 모두 의미가 있어서 생기는 자연스러운 감정이기 때문입니다. 지금 여러분이 알지 못할 뿐이고 반드시 '그렇게 느끼는 이유'가 있습니다. 열등감의 경고를 알아차리고 스스로 행동을 변화시키지 않는 한, '나를 우습게 보는 것은 아닌가'라는 의심은 사라지지 않을 것입니다.

그러면 열등감은 무엇을 경고하는 것일까요? 인간은 혼자서는 살 수 없는 나약한 동물입니다. 우리 선조가 살아서 자손을 남길 수 있었던 이유는 집단으로 생활하며 사는 데 필요한 작업을 다 함께 분담했기 때문입니다. 바꿔 말하면 한 사람 한 사람이 제 몫을 제대로 해냈기에 자손을 남길 수 있었던 것입니다. 그런 환경에서 만약 역할이 없는, 역할이 있어도 더 우수한 사람이 있는 상황에서는 위험하다고 느끼겠죠. 자신이 그곳에 '꼭 필요한 사람이 아니기' 때문입니다. 그것이 열등감이라는 감정이 내포한 의미입니다.

대학생 때 강렬한 열등감을 느낀 순간이 있습니다. 3학년이 된 봄의 일이었습니다. 오토바이를 타고 신호대기를 하고 있는데 골목 공사 현장에서 저와 비슷한 또래가 일하는 모습을 보았습니다. 순간 왠지 모르게 저 자신이 한심하고 부끄럽고 비참한 기분이 들었습니다.

당시 저는 하고 싶은 일도 없고 '어떻게 살 것인가'라는 생각조차 피하던 시기였습니다. 그런 차에 이미 사회에서 자신의 역할을 하고 있는 또래를 보자 막연히 위기감을 느낀 것이죠. 지금 생각하면 당시의 저는 열등감의 표본이었습니다. 그 열등감이 '이대로 있다가는 아무것도 하지 못하게 될 거야. 필요 없는 사람이 될지도 몰라'라고 경고한 것입니다.

당시에는 열등감이라는 생각을 전혀 하지 못했습니다. 그 후 얼마 되지 않아 자격증을 따려고 공부를 시작했습니다. 결과는 불합격이었죠. 하지만 도전했다는 사실 자체가 열등감을 극복한 데 대한 '보상'이 되어줬습니다.

앞에서 소개한 남성에게도 이 이야기를 들려주었더니 이렇게 대답했습니다.

"누구나 할 수 있는 간단한 일에 안주하는 것 같아 마음에 걸렸습니다."

지금 당장 특별한 역할을 하지 않아도 괜찮습니다. 사람들에게 더욱 필요한 존재가 되고자 노력하는 한 더 이상 열등감에 시달리지 않을 것입니다.

분노 속에 숨은
진짜 감정을 찾는다

　누구나 욱해서 엉겁결에 화를 낸 경험이 있을 것입니다. 분노란 불이 붙으면 손을 쓸 방도가 없습니다. 분노를 받아내는 측도 힘들지만 화를 내는 본인도 이만저만 피곤한 게 아닙니다. 지금의 저는 온화한 마음으로 살고 있지만 전에는 화를 잘 내는 편이어서 누구보다 그 고통을 잘 알고 있습니다. 불합리한 일, 용서하기 힘든 일에 분노를 느끼는 것도 자연스러운 반응이라고 말하고 싶지만 안타깝게도 분노는 자연스러운 감정이 아닙니다.

'분노는 두 번째 감정이다'라는 말을 들어본 적 있나요? 다음 사례를 통해 자세히 알아봅시다.

"동료가 보는 앞에서 상사가 저에게 크게 화를 냈는데 도저히 용서할 수가 없어요. 이거 직장 내 괴롭힘 아닌가요?"

회사원인 한 남성은 상사의 질책에 분노하며 이렇게 말했습니다. 직장 내 괴롭힘인지는 잠깐 제쳐두고 그의 감정에만 주목하자면, 분노를 느끼는 것은 부자연스러운 일입니다. 동료들 앞에서 질책을 받으면 보통은 한심하고 부끄럽고 비참한 감정이 들기 마련이죠. 그런 감정은 어디로 사라져버린 것일까요?

모두가 보는 앞에서 혼나다니, 한심하고 비참해서 쥐구멍에라도 숨고 싶어집니다. 이런 감정이라면 마음이 약해져서 나타나는 자연스러운 감정이라고 할 수 있습니다. 그런데 **이런 감정을 인정하지 못하고 오히려 강한 척한다면 한심하고 비참한 감정이 다른 감정으로 대체됩니다. 바로 '분노'입니다.**

그가 분노한 원인에 대해 대강 들은 후에 왜 상사가 화를 냈는지 물었습니다. 그러자 그는 자신이 아주 초보적인 실수를 했다고 말했습니다.

"실수를 지적받고 부끄럽다고 느낀다면 괜찮은 거예요."

그가 느꼈을 부정적 감정을 인정해주자 그는 이렇게 말했습니다.

"그렇군요. 이제 두 번 다시 같은 실수를 하지 않게 조심하려고 합니다."

그의 목소리에서는 더 이상 분노의 감정을 찾을 수 없었습니다.

이렇듯 부정하면 할수록 점점 더 쓸데없이 자기를 부정하게 되고 억지로 강한 척하거나 스스로 자신감이 없는 사람이 됩니다. 그럴 때 자신의 나약함이 공격을 받으면 무슨 일이 벌어질까요? 그 계기가 된 다른 사람에게 시선이 향하게 됩니다. 그러면 '상대가 나를 화나게 했다'고 착각하는 겁니다.

과거에 저도 '어째서 다들 나를 화나게 하는 거야!'라고 진심으로 생각했습니다. 눈이 잘 보이지 않게 되자 모든 일에 비판적이었습니다. 스스로 한심하다고 생각할 정도로 사소한 일에도 화르륵 분노했습니다.

팀원이 일을 늦게 한다, 관공서의 대응이 못마땅하다, 점원의 태도가 나쁘다, 역 계단을 내려오기 불편하다, 컴퓨터가 제대로 작동하지 않는다 등 '화나게 하는 것'을 언제 어디서나 찾을 수 있었습니다. 당시 저도 매사 부정적인 태도에 뭔가 이상하다고 생각하긴 했습니다.

그러던 어느 날, 안과에 갔다가 나이가 지긋한 남성이 "언제까지 기다리게 할 거야!" 하고 버럭 화를 내는 광경을 목격했습니다. 대기시간이 긴 병원이니 짜증이 났을 겁니다. 그 기분은 충분히 이해합니다. 하지만 실제로 공공장소에서 성질을 부리는 사람을 보면서 '나도 저랬겠구나' 싶어 한심하다는 생각이 들었습니다. 그 순간, '이대로는 안 되겠다'고 생각했습니다.

지금이라면 좀 더 빨리 알 수 있을 텐데 당시의 저는 열등감과 비참함으로 똘똘 뭉쳐 있었습니다. 갑자기 눈이 보이지 않았으니까요. 그렇게 느낄 만한 이유가 있었습니다. 하지만 저는 마음이 약해진 저를 인정하지 못했습니다. 필사적으로 강한 척하고 있었습니다. 별일 없는데도 늘 화가 난 상태였죠. 그게 열등감의 두 번째 감정이라는 것을 알지 못했습니다. '대체 누가, 무엇이 나를 이토록 화나게 하는가' 하면서 눈을 부릅뜨고 분노의 원인을 찾았던 것 같습니다.

고대 로마 시대의 현자는 분노를 '짧은 광기'라고 표현했습니다. 광기에 사로잡혀 있을 때는 냉정하게 상황을 객관적으로 볼 수 없습니다. 이 책을 읽고 있는 지금이 기회입니다. 분노의 근원에 있는 약한 마음이 무엇인지 찾아보세요. 마주해야 할 게 무엇인지 알면 분노라는 감정에서 해방될 것입니다.

'긴장하지 말아야지'의
함정

 사람들 앞에서 이야기할 때, 처음 만난 사람과 대화할 때, 낯선 장소에 갈 때, 일의 크고 작음과는 관계없이 긴장하게 됩니다. 긴장해서 생기는 여러 증상은 앞으로 일어날 일에 잘 대처하기 위해 몸과 마음에 고루 나타납니다. 가령 많은 사람의 주목을 받으면 어깨 근육이 수축되어 힘이 들어가거나 심박수가 올라가서 가슴이 뜁니다. 혹은 목 근육이 수축되어 목소리가 제대로 나오지 않거나 손바닥에 땀이 차기도 합니다.

 그럴 때, 대부분의 사람들은 '긴장하지 마', '침착해'라고 긴장이라는 자연스러운 방어 반응을 부정하는 듯한 말을 하곤 합니다. 긴장이 없어졌으면 하는 마음은 이해합니다. 하지만 긴장하지 말자고 하면 할수록 괜히 더 긴장하게 됩니다.

중요한 순간에 긴장하는 것은 아주 당연한 일입니다. 자연스러운 방어 반응이죠. 실력을 충분히 발휘하고 싶다면 긴장했다는 것을 부정해서는 안 됩니다. 그것이야말로 쓸데없이 더 긴장하게 만드는 최대 요인이기 때문입니다.

뇌는 부정적인 언어를 이해하지 못한다고 합니다. 예를 들어 '눈을 감고 분홍색 코끼리를 상상하지 마세요'라고 누군가 말하면 오히려 분홍색 코끼리를 더 떠올리게 되죠. 부정어를 이해하려면 그 대상을 의식해야 하기 때문입니다. 그와 마찬가지로 '긴장하면 안 된다'고 말하면 긴장 상태에 더욱 의식이 향하게 됩니다. '침착해'라는 말의 전제는 '지금 침착하지 않다'는 것이죠. 그러니 '침착하지 않는 것'에 의식이 향합니다.

그러면 긴장하고 있는 상태에서는 어떻게 말을 하는 게 좋을까요? **불안하거나 긴장하고 있다면 '설렌다'거나 '흥분된다'고 표현하는 게 좋습니다.** 저도 기업연수나 강연 직전에 심박수가 올라가거나 어깨에 힘이 들어가서 몹시 긴장했음을 느낄 때가 있습니다. 하지만 굳이 긴장을 풀려고 하지 않습니다. 왜냐하면 몸과 마음이 흥분했다는 증거이기 때문입니다.

위대한 일에 도전하고, 미지의 세계에 뛰어들고, 공포 체험을 하는 등 본래 인간이란 '스릴'을 매우 좋아합니다. 그렇지 않으면 제트코스터나 귀신의 집, 번지점프 등이 존재할 리 없겠죠. 위험을 극복하는 과정에서 우리는 즐길 수 있습니다. 바로 이런 순간에 느끼는 것이 긴장감이며 이는 가슴 설레고 흥분하고 있다는 증거입니다. 이를 말로 표현하면 긴장은 '즐거운 것'이라는 인식이 생겨납니다. 적어도 '긴장하지 마'라고 부정할 때보다는 훨씬 더 실력을 발휘할 수 있을 것입니다.

외로울 때 가장 먼저
해야 하는 일

헤르만 헤세는 고독에 대해 이렇게 말했습니다.

"인생이란 고독한 것이다. 누구도 다른 사람에 대해 알지 못한다. 모두가 외톨이다. 혼자 걸어가지 않으면 안 된다."

아무리 친한 친구와 깊이 대화를 나눠도 서로 완벽하게 통하기란 불가능합니다. '서로 이해한 것 같은 기분'은 들어도 정말로 이해할 수는 없죠. 인간은 어디까지나 외톨이입니다. 그러면 고독을 어떻게 해석해야 할까요?

혼자 있으면 외롭고 불안하기도 합니다. 호모사피엔스라는 동물은 어쨌거나 '외로움을 느끼는 존재'입니다. 이는 성격이나 개성을 뛰어넘은 본능일 것입니다. 동서고금을 막론하고 모든 인간은 집단에 소속되어 살아왔습니다. 동료와 협력하지 않으면 살아남을 수 없는 나약한 동물. 그것이 인간입니다.

집단에서 쫓겨나 혼자 살게 되었다고 합시다. 함께 지내던 동료들이 에워싸고 있는 불꽃을 멀리서 외로이 지켜봅니다. 그런 심경을 고독이라고 하겠죠. 쓸쓸함, 불안함, 공포를 느끼는 건 당연합니다. 단적으로 말하면 고독은 이렇게 경고합니다.

'어서 친구들이 있는 곳으로 돌아가! 안 그러면 죽을 테니까.'

다시 집단으로 들어가려면 사죄를 하든, 양보를 하든, 불만이 있어도 꾹 참든 행동을 수정해야 합니다. 상대의 입장이 되어 생각해보는 능력도 고독과 불안이라는 약한 마음을 보충한 결과라고 할 수 있습니다. 친구와 다투고 절교했는데 다음 날이 되자 왠지 마음이 허전합니다. 부부싸움을 하면서 '이혼하자'고 큰소리쳤는데 마음 한구석이 불안합니다. '이따위 회사, 때려치우자'라고 단단히 결심했지만 미래에 대한 막막함 때문에 마음을 접기도 합니다.

우리가 사회생활을 할 수 있는 것은 이러한 고독감 덕분입니다. 원래 인간관계란 성가신 것입니다. 안전하고 편리한 현대사회에서는 수렵 채집 시대와 다르게 혼자서도 살아갈 수 있습니다. 인간관계에서 몇 발짝 떨어져 살고 싶은 마음도 충분히 이해합니다. 하지만 고립되어 사는 건 정신적으로 위험한 삶입니다. '왠지 모르게 의지할 데가 없다'거나 '어딘가 채워지지 않는 것 같다'라는 느낌도 자세히 살펴보면 그 정체가 고독인 경우가 적지 않습니다. 그렇게 호소하는 사람의 생활을 들여다보면 대개 고독을 느낄 만한 환경입니다. 혼자 산다는 의미가 아니라 가족이 있어도 고독을 느낀다는 뜻입니다.

고독감 자체는 문제가 아닙니다. 헛헛한 마음을 사람이 아니라 물건으로 채우는 게 진짜 문제입니다. 단것이나 쇼핑, 술을 끊지 못하는, 이른바 의존증에서 공통으로 보이는 현상은 고독감을 물건으로 보상하려고 한다는 것입니다.

'인간과 연결되기 위한 동기부여', 이것이 고독의 진짜 의미입니다. 그런데 고독해도 '나쁜 것 같지 않아'라고 느낄 때도 있습니다. 정신분석학의 창시자 프로이트의 말을 인용해봅니다.

"자발적인 고독이나 타자로부터의 분리는 인간관계에서 생긴 고뇌를 막는 가장 가까운 방어책이다."

인간관계에 지쳤을 때, 이제 혼자 있고 싶다는 생각이 드는 건 괜찮습니다. 스스로 원한 고독이란 마음 편한 것이니까요. 또 한 가지, 고독이 도움이 되는 순간이 있습니다. 바로 영감을 얻고 싶을 때입니다. 사람들과 교류하다 보면 아무래도 사고가 평균에 맞춰지기 마련입니다. 상식이나 유행을 의식하고 생활하면서 자신의 가치관을 소홀히 하는 사람도 있을 것입니다. 모두가 아는 평균적인 생각에서는 창조적인 아이디어가 잘 나오지 않습니다. 만약 창의성을 필요로 하는 일을 한다면 때때로 '어차피 아무도 알아주지 않아' 하면서 일부러 고독에 흠뻑 젖는 시간을 갖는 것도 좋습니다.

사람이나 상황에 따라서 고독의 의미는 다릅니다. 어쨌거나 '쓸쓸하다'는 것은 굉장히 인간적인 감정이며 부정하지 않아도 됩니다. 그 의미를 이해하고 어떻게 행동을 개선해야 할지를 알면 고독은 더 이상 두렵지 않을 것입니다.

부정적인 감정도 결국
내 편이다

일하다 실수를 하거나 일이 뜻대로 풀리지 않을 때, 기량 부족으로 좋은 결과가 나오지 않을 때는 무력감과 분함, 억울함을 느낍니다. 그럴 때, 곧장 그런 감정을 없애려고 하지는 않나요? 만약 그렇다면 참 안타까운 일입니다.

저도 저의 미숙함이나 무력함으로 인해 분하고 억울해서 이를 악물었던 적이 여러 번 있습니다. 자주 경험한 탓인지 지금은 기력을 많이 잃었지만 그런 제 모습이 결코 싫지만은 않습니다. 수많은 자연스러운 반응 중에서도 저와 가장 가까운 감정일

테니까요. 물론 그런 기분을 느낄 일이 일어나지 않는다면 그보다 좋은 건 없겠죠. 일어나지 않기를 진심으로 바라지만 이미 일어난 일이라면 어쩔 수 없습니다.

무력감은 사람을 굉장히 힘들게 합니다. 하지만 그에 비례해 능력 향상, 지식 획득, 환경 변화를 가져다주므로 반드시 이용해야 하는 감정입니다. 아무것도 하지 못했다, 실력을 발휘하지 못했다, 아무런 도움이 되지 못했다, 기량이 부족했다는 등 **무력감이란 문자 그대로 환경 변화에 대응할 '실력이 없다', '기량이 달린다'고 본인이 느끼는 것입니다.** 평소에는 하지 않을 힘든 운동을 하면 근육이 '역부족'을 느끼고 고통을 호소하는 것과 다르지 않죠. 그러면 반드시 부족한 힘을 보충하려는 움직임이 일어납니다.

'잘 참았네', '애썼다'는 격려는 힘을 키우기 위해 주는 영양제에 불과합니다. 두 번 다시 그런 수모는 겪고 싶지 않은, 분하고 억울했던 감정을 성장하기 위한 원동력으로 삼아야 합니다. 많은 사람들이 '무력감을 느끼지 않아도 돼'라는 조언을 자주 하는데, 그래서는 안 됩니다. 느껴야 합니다.

무엇에 무력감을 느끼고 분하다고 느끼는지는 어디까지나

주관적인 것입니다. 가령 피겨스케이팅의 하뉴 유즈루羽生結弦 선수는 동일본대지진이 일어난 후, 스케이트로 좋은 결과를 내고도 '지진 피해 복구에 도움이 되지 않는구나', '아무것도 할 수가 없어' 하고 무력감을 느꼈다고 털어놓았습니다. 그 후 하뉴 선수는 센다이에서 캐나다로 거점을 옮깁니다. 무력감을 느끼지 않았다면 그렇게 행동하지 않았을 것입니다.

제가 가장 무력감을 느꼈을 때는 우울증을 앓던 누나가 자살하고 나서였습니다. 누나의 병명을 듣고도 아무것도 하지 못했다는 무력감과 심한 말을 해서 상처를 줬다는 후회로 뒤범벅되었습니다. 게다가 시력장애라는 무거운 짐을 지고 삶을 비관하던 참이었습니다.

정신적으로 충격을 받고 무기력한 상태였다가 갑자기 활동적으로 바뀐 것도 저의 부족함, 무지와 마주하고 누나의 죽음에 대한 진상을 제대로 밝히고 싶었기 때문입니다. 주변에서는 '너한텐 책임 없어', '그렇게 느끼지 않아도 돼'라고 수차례 말해주었습니다. 하지만 내가 그렇게 느꼈는데 느끼지 않은 척 넘길 수는 없었습니다.

누가 무슨 말을 하든 스스로 '그렇게 느낄 만한 이유'가 있었던 것입니다. 그것을 무시하기란 불가능했습니다. 그 후에 우울증에 걸린 아내를 잃지 않고 함께 위기를 극복할 수 있었던 것도 무력감이 보여준 힘을 더 기르라는 경고를 따랐기 때문이라고 생각합니다. '두 번 다시 같은 고통을 맛보고 싶지 않기 때문에' 무력감이나 분함, 억울함을 느끼는 것입니다.

무력감이 내 편임을 알게 된 후, 인생이 아주 편해진 것 같습니다. 부정적 감정이 보내는 경고를 무시하거나 넘기지 않고 의미를 찾아 행동하면 인생은 더 안전해집니다. 그래서 안심할 수 있었습니다.

감당하기 어려운 일이나 분하고 억울한 일이 생겼을 때, 타인이나 환경을 탓하고 싶을 것입니다. 무언가를 탓해서 잠시나마 충격을 완화해야 할 때도 있습니다. 하지만 그런 감정이 힘을 기르기 위한 경고라는 것을 알면 어떤 힘을 길러야 하는지, 어떻게 행동을 변화시켜야 하는지 자연스럽게 답을 찾을 수 있을 것입니다.

제5장

◆

마음의 신호를 따라
행동하는 연습

때로는 한바탕 울
필요가 있다

불쾌한 일을 겪고 우울해하거나, 바라던 일이 아쉽게 불발되어 낙담하거나, 지나간 일로 고민하는 등 이런 부정적 감정을 느끼는 데는 반드시 이유가 있습니다. 그렇게 느끼고 싶지 않아도 자연스럽게 드러나는 감정을 부정하는 것 자체가 이미 부자연스럽습니다. 여러분이 무시한 감정, 알면서도 어물쩍 넘겨버린 기분은 반드시 되돌아옵니다.

"이유도 없이 짜증이 납니다."

한 40대 여성이 상담실을 찾아왔습니다. 그녀처럼 본인이 느끼고 있는 부정적 감정에 '이유가 없다'고 말하는 사람이 많은데 얘기를 들어보면 반드시 이유가 있습니다.

"뭔가 참고 있는 게 있지 않나요?"라고 물으니 말하기 힘들다는 듯한 표정으로 이렇게 대답했습니다.

"있어요. 상사는 저만 보면 못 잡아먹어서 안달이고 남편은 집에서 아무것도 하지 않아요. 그리고 아이는 도무지 말을 듣지 않고요. 하지만 말해봤자 소용없잖아요."

그녀는 얼마 전 친구에게 불만을 털어놓았는데 "말해봤자 소용없어. 좋은 쪽으로 생각하자."라고 말했다고 합니다. 친구의 조언에 마음이 풀렸더라면 좋았겠지만 억지로 감정을 누르며 '긍정적인 척했다'면 분명 또 다른 형태로 자신에게 되돌아옵니다. 그것이 '수수께끼와 같은 짜증'의 정체였습니다.

"억지로 긍정적으로 보이려고 노력할 필요는 없습니다. 이유가 있어서 짜증이 나는 것은 자연스러운 반응입니다."

"하지만 모처럼 쉬는데 구시렁구시렁 불평하고 싶지 않아요. 되도록 기분 좋게 보내기로 결심했는데…."

그녀의 말처럼 기분 좋은 척 연휴를 보낼 수는 있습니다. 하지만 진정으로 기분 좋게 보낼 수 있을지는 그야말로 기분에 달려 있습니다. 의식적으로 선언했다고 해서 무의식적인 감정이 거기에 동의할까요?

감정을 조절한다는 것은 이성적인 사고로 감정을 조작하는 것이 아닙니다. 불가능합니다. 주종관계로 따지자면 감정이 주인이며 사고는 하인에 불과합니다. 주인의 기분을 거스르지 않고 잘 맞춰줘야 합니다. 그것이야말로 진정 '감정을 조절하는 것'입니다.

긍정적으로 살고 싶다고 희망할 수는 있습니다. 하지만 긍정적일 수 있는지 어떤지를 정하는 것은 여러분의 사고가 아닙니다. 생각의 주체인 감정이 결정하는 것입니다. **자신의 감정을 자각하고 울고 화내고 불만을 터트리면서 '의식'을 행하고 후련하게 털어버린 후에는 감정의 의미를 이해하고 행동으로 옮겨야 합니다.**

만화 〈죠죠의 기묘한 모험〉에 등장하는 주인공과 대적하는 캐릭터는 이렇게 말합니다.

"너무 흥분할 것 같으면 한바탕 울어서 머리를 냉정하게 식히려고 해."

이 문장은 마음을 안정시키는 데 도움이 됩니다. 울 만한 일이 아니어도 슬픔과 고통, 괴로움을 크게 키워서 일부러 한바탕 크게 웁니다. 그러면 확실히 안정되는 것을 느낄 수 있습니다.

그런 모습은 누구에게도 보여주고 싶지 않겠지만 때때로 혼자서 일부러 요란하게 한숨을 내쉬며 기분을 새롭게 전환시키기도 합니다. 친구에게 회사나 상사에 대한 불만을 과장해서 말하는 것도 일종의 '의식'이라고 생각해도 좋습니다.

이유를 알 수 없는 짜증을 호소하던 여성도 대화를 통해 여러 불만을 늘어놓다 결국 울음을 터트렸습니다. 그러고 나서야 비로소 자연스럽게 웃었습니다. 그녀의 경우, 짜증을 쌓아두지 않기 위해 '자기주장을 더 하기'(행동 수정)로 했습니다. 그녀가 "열심히 하겠습니다."라고 말할 수 있던 것도 의식을 치르듯이 진심으로 한탄하고 자신의 약해진 마음을 인정했기 때문입니다.

매일 화내고 불만을 터트리고 운다면 문제가 다르겠지만 약해진 마음을 강하고 단단하게 바꾸기 위해 일시적으로 그런 의식을 하는 것은 조금도 이상한 일이 아닙니다. 자기 자신에게 있는 인간적인 모습을 인정하고 그 구조를 의도적으로 이용하는 것은 훌륭한 일입니다. 일단 감정의 경고를 무시하지 않아야 합니다. 이따금 성대한 '의식'이 필요할 때도 있을지 모릅니다. 감정의 경고를 받아들이면 여러분의 삶을 안전하게 이끌어줄 것입니다.

세상에
나쁜 사람은 없다

유리멘탈을 극복하는 데 있어 가장 힘든 점은 아마도 타인이나 환경 탓을 하지 않는 것입니다. 그렇다면 대체 누구 탓일까요?

결론부터 말하자면 누구의 탓도 아닙니다. 물론 여러분의 탓도 아닙니다. 가령 고객 한 명이 착각해서 불만사항을 접수했다고 합시다. 고객이 착각했다고 해도 사과하고 상황을 수습하는 것은 여러분입니다. 내 탓이 아니어도 이런 상황에 처하면 힘이 빠집니다. 이는 지극히 자연스러운 반응입니다.

분명 착각한 고객이 잘못했습니다. 그렇다고 누군가를 탓해봤자 여러분은 강해지지 않을 것입니다. '내가 나쁘다'라거나 '내 탓이야'라고 생각할 필요도 없습니다. **마음을 강하게 만들기 위해 '잘못한 사람은 아무도 없다'라는 새로운 사고방식을 몸에 익혔으면 합니다.**

'나에게 죄가 있다'고 인정하는 것은 누구나 하기 어려운 일입니다. 그래서 더욱 누군가 혹은 무언가에 죄를 묻고 싶어집니다. 하지만 '잘못했다'거나 '죄가 있다'는 생각을 버리고 그저 순수하게 능력이 부족하다, 지식이 부족하다고 생각하면 한결 편하게 인정할 수 있을 것입니다.

저는 혼잡한 거리를 걸을 때, 사람들과 자주 부딪힙니다. 보이는 범위, 시야가 좁기 때문입니다. 눈이 잘 보이지 않게 되자 남에게 폐를 끼치거나 실수를 하는 횟수가 늘었습니다. 그럴 때면 솔직히 '내가 뭘 잘못했다고' 하는 생각이 들었습니다.

눈이 잘 보이지 않는 것은 분명하지만 나쁜 뜻이 있어서 그런 것은 아니니까요. 그러자 '나는 나쁘지 않아. 어라, 그러면 누가 나쁜 거지?' 하고 잘못한 사람을 찾는 여행이 시작됐습니다.

곰곰이 생각해보면 바로 알 수 있습니다. 누구의 잘못도 아닙니다. 물론 내 잘못도 아닙니다. 그런데 왜 잘못한 사람을 찾게 되는 것일까요? 인간은 '나쁜 결과'를 얻으면 거기에 대응하는 '나쁜 원인'이 있다고 직감적으로 느낍니다. 그리고 나쁜 원인을 분쇄하면 '좋은 결과'를 얻을 수 있다고 믿습니다. 그래서 원인이나 범인 등 잘못한 무언가를 찾아내는 걸 좋아합니다.

'잘못한 고객이 나쁘다', 아니면 '내 잘못이다'라는 양자택일은 너무 극단적입니다. 누구나 잘못이나 실수를 할 수 있습니다. 그보다 어느 쪽도 아닌 제3의 선택지, '나쁜 사람은 아무도 없다'라는 생각을 선택하길 바랍니다. 어쨌거나 안 좋은 일이 일어난 건 사실입니다. 내 탓이 아니어도 자신의 설득력을 높이는 기회로 삼으면 되는 것입니다.

"이 세상의 불이익은 전부 당사자의 능력 부족이다."

만화 〈도쿄 구울〉에 몇 번이나 나왔던 대사입니다. 아주 신랄한 말이라고 생각하면서도 굉장히 인상 깊었습니다. 전에는 안 좋은 일이 일어나면 무조건 타인이나 환경을 탓했기 때문입니다.

뭔가를 탓한다는 것은 실은 아주 피곤한 일입니다. 화내거나 비판하거나 불만을 터트리거나 화내는 것마저도 지쳤을 때, 이

대사를 접하고 '그래, 누구의 잘못도 아니고 내 잘못도 아니야. 그저 능력이 부족한 것뿐이야'라는 깨달음을 얻었고 마치 구원을 받은 기분이 들었습니다.

환경 변화로 뭔가 자신에게 불리한, 안 좋은 일이 일어나면 자신이 '나쁘다', 자신에게 '죄가 있다'고 생각하지 말고 단순히 '능력이 부족한 것뿐이야'라고 생각해보세요. 모른다고 부족함을 인정하면 좀 더 조사하고 싶어지고 잘하지 못한다고 부족함을 인정하면 좀 더 노력하는 방향으로 의식이 향하게 됩니다.

'누구도 나쁘지 않아. 나도 나쁘지 않고. 그저 능력이 부족한 것뿐이야'라고 생각한다면 더 이상 남 탓도 내 탓도 하지 않게 될 것입니다.

겁 많고 소심한 것도
장점이 된다

신중하고 겁 많고 소심하다면 나약하다고 생각하기 쉬운데, 꼭 그렇지만은 않습니다. 그러한 성격을 어떻게 활용하느냐에 따라 다릅니다. **신중하고 겁이 많은 성격을 '철저히 준비하는 원동력'으로 바꿀 수 있습니다.**

예전에 한 연설대회에서 우승한 적이 있습니다. 최선을 다해 열심히 준비한 결과라고 생각합니다. 지금까지 참가했던 사람들을 철저하게 분석해 우승자의 경향을 파악하고 심사위원의 이전 발언까지 입수하는 등 관련 정보를 샅샅이 조사했습니다.

제가 준비한 연설은 10분 정도로, 글자 수로 환산하면 3,000자 정도입니다. 완성하기까지 몇 번이나 수정했는지 모릅니다. 연설 내용을 한 글자 한 글자 머릿속에 집어넣었습니다. 연설할 때 목소리의 완급과 억양, 문장 사이에 간격을 두는 시간까지 포함하여 입이 자동으로 움직일 때까지 집요하다 싶을 정도로 수백 번 연습했습니다.

'다들 그 정도는 준비할 거야'라고 생각했는데 그렇지도 않다는 것을 나중에 알았습니다. 누군가 '왜 그렇게 철저하게 준비했어?'라고 물어본다면 제 대답은 정해져 있습니다. '지는 게 무서워서'라고 말입니다.

낙관적이고 긍정적인 사람은 이해하기 어려울 것입니다. "그렇게 고민할 필요 없지 않아?"라고 말하는 사람도 있었습니다. 하지만 저에게 승부를 겨루는 놀이란 전부 '진검승부'입니다. 죽도가 아니라 진검으로 승부한다는 것은 패배는 곧 죽음이라는 의미입니다. 물론 진다 한들, 진짜 죽는 게 아니니 편한 마음으로 임해도 되겠죠.

하지만 사는 동안에 시간을 들여 무언가에 도전해 결과를 남기는 것만큼 좋은 것은 없습니다. '무섭기 때문에' 말도 안 되게 열심히 준비하는 것입니다. 그때 저를 움직인 것은 신중하고 겁 많고 소심한, 약한 마음이었습니다.

겁이 많은 사람은 진심으로 지는 걸 두려워하고, 소심한 사람은 언제나 최악을 상상하며, 신중한 사람이라면 준비를 하면서 타협하지 않을 것입니다. 이는 전부 선천적인 재능이며 도구로 활용해야 할 자연스러운 반응입니다.

낙관적이고 긍정적인 사람은 그 가치를 알지 못합니다. 그러니 주변 사람들의 의견에 일일이 귀 기울일 필요는 없습니다. 신중하고 겁 많고 소심한 성격을 가졌다면 타고난 재능을 버리지 말고 잘 살려서 강인해졌으면 합니다.

신중하다는 것, 겁이 많다는 것, 소심하다는 것을 부끄러워하지 않아도 됩니다. 뛰어난 성과를 내는 사람은 그러한 재능을 대체로 잘 활용합니다. 다만 그런 사람들의 가려져 있는 모습은 보지 못하고 표면적인 성과만 보기 때문에 마치 낙관적이고 긍정적인 사람처럼 보이는 것이죠.

동전의 양면과도 같습니다. 겉으로는 낙관적이고 긍정적, 적극적으로 보입니다. 하지만 뒤집으면 거기에는 신중하고 겁이 많고 소극적인 면이 있습니다. 그것이 진정한 인간의 모습입니다.

단언컨대 뒤집어도 낙관적이고 긍정적인 사람이 대단한 결과를 내는 것은 아닙니다. 일단 자신에게 신중하고 겁 많고 소심한 면이 있다는 것을 인정해야 합니다. 그러한 성향을 잘 활용한다면 강력한 내 편이 되어줄 것입니다. '말도 안 되게 열심히 준비하는 원동력'으로 삼으면 됩니다. 피하지 말고 먼저 다가가 사이좋게 지내면 여러분의 인생은 더욱 풍요로워질 것입니다.

'못 하겠어'라는
거짓말

    우울하거나 불안하고 짜증이 나거나 고민을 하는 데는 반드시 그렇게 느낄 만한 이유가 있습니다. 그런 자연스러운 반응은 환경 변화에 잘 대응하도록 '행동을 수정할 것'을 요구합니다.

    마음이 자연스럽게 강해지려면 행동하는 것이 가장 중요합니다. '사실은 하고 싶은데', '하려고 생각해봤지만', '머리로는 알아도', 결국 'ㅇㅇ하지 못하겠어'라고 말하며 행동을 제한하고 있지는 않은가요?

'안' 하는 것과 '못' 하는 것 구분하기

'운동 못 하겠어', '지금 못 하겠어', '다이어트 못 하겠어', '집안일 못 하겠어' 등 하는 편이 낫고 해야 할 일이 뭔지도 알고 있으면서 손을 댈 엄두를 내지 못하거나 시작하지 못합니다. 아마 일상에서 흔히 겪는 일일 것입니다.

어떻게 해야 '알면서도 하지 못하는' 상태에서 빠져나올 수 있을까요? 먼저 여러분이 자주 하는 '○○ 못 하겠어'라는 말은 십중팔구 거짓말이라는 점을 알아두어야 합니다.

그렇게 단언하는 이유는 무엇일까요? '못 하겠다'란 본래 가능성을 부정하는 말입니다. 정확하게는 '물리적으로 불가능한 것'을 가리키는 말입니다. 하지만 실제 사용할 때의 상황은 좀 다릅니다. 우리는 '못 하겠어'라는 말을 '하고 싶지 않다'거나 '귀찮다', '서툴다', '하지 않는다'는 말을 대체하여 아주 광범위하게 사용합니다.

영어의 경우를 생각해보면 쉽게 이해할 수 있을 것입니다. 가령 'I can not cook'(나는 요리를 하지 못합니다)은 손을 다쳤을 때와 같이 '물리적으로 불가능하다'는 의미로 사용됩니다. 하지만 우리의 언어는 그 의미가 훨씬 느슨하게 적용됩니다. 실제로 누군가 저에게 "요리를 하나요?"라고 질문했을 때 "하지 못합니다."라고 대답합니다. 하지만 엄밀히 말하면 그 말은 거짓말입니다. 사실은 잘하지 못해서 '하고 싶지 않다' 혹은 다른 사람에게 맡겨야 안심이라서 '하지 않는다'고 말한 것이지 요리를 아예 못 하는 것은 아닙니다.

속으로는 하고 싶지 않거나 하지 않는 것뿐이면서 겉으로는 '하지 못한다'라고 말하며 **자각 없이 거짓말하는 것을 저는 '가짜 못 하겠어'라고 부릅니다.** '운동 못 하겠어', '저금 못 하겠어', '다이어트 못 하겠어', '집안일 못 하겠어'도 '가짜 못 하겠어'입니다. 진심을 감추고 캡슐에 싸여 있는 알약처럼 우리는 자각 없이 하지 못한다고 거짓말합니다. **그리고 이 무자각적인 거짓말은 여러분의 마음을 약하게 하는 원인이기도 합니다.**

가짜로 '못 하겠어'라고 말할 때의 부작용

타인의 결점이나 열악한 환경이 자꾸만 눈에 띈 경험이 있지 않나요? 상사나 동료, 남편이나 아내의 결점이 마음에 걸리거나, 회사나 이웃 등 주변 환경에서 정치 상황에 이르기까지 말해봤자 소용없다는 걸 알면서도 어쩐 일인지 나쁜 점이 자꾸 눈에 띕니다.

그렇다면 이것은 '가짜 못 하겠어'의 부작용이라고 할 수 있습니다. 말하자면 거짓말을 한 대가입니다. '가짜 못 하겠어'를 자주 쓸 때 생기는 부작용은 '못 하겠어'라고 말할 때마다 하지 못하는 이유나 원인과 같은 '나쁜 무언가'가 자꾸 눈에 거슬린다는 점입니다.

이것은 '못 하겠어'라는 말의 구조와 관련이 있습니다. '○○ 못 하겠어'라는 말은 그 말만 단독으로 잘 쓰이지 않습니다. '○○을 하지 못하는 이유'가 함께 필요합니다. 이유와 원인인 '나쁜 무언가'를 찾게 되는 거죠. 실제로 '금연 못 하겠어'라거나 '다이어트 못 하겠어'라고 호소하는 사람은 이쪽에서 묻지도 않았는데 일하다가 스트레스가 쌓였다는 둥 이유를 스스로 말해 줍니다.

만약에 '못 하겠어'라는 말이 가짜이고 '하고 싶지 않다'가 진심인 경우, 그들에게 '일하면서 쌓인 스트레스'는 하지 못하는 이유로서 필요한 것이죠. 바꿔 말하면 담배를 끊지 않기 위해, 다이어트에 도전하지 않기 위해 '일하면서 쌓인 스트레스'라는 이유가 필요한 것입니다. 당연히 일하면서 받은 스트레스가 줄어들 리 없습니다.

아무리 신경 써봤자 소용없는, 타인이나 환경의 나쁜 점이 얼마나 자주 마음에 걸리는지는 '가짜 못 하겠어'를 사용하는 빈도에 비례해 더 크게 늘어납니다. 만약 필요 이상으로 타인이나 환경의 나쁜 점이 신경 쓰인다면 무언가를 '못 하겠어'라고 거짓말을 한 대가라고 생각하세요. 하지 못하는 이유나 원인으로서 여러분이 그러한 것들에 사로잡혀 있다는 것을 자각해야 합니다.

'못 하겠어'가 아니라 '안 해'라고 말한다

'다이어트 못 하겠어', '청소 못 하겠어', '아침에 일찍 일어나지 못 하겠어', '금연 못 하겠어' 등 여러분은 자각 없이 '가짜 못 하겠어'를 입버릇처럼 말합니다. 그리고 '하지 못한다'라고 말할 때마다 하지 못하는 이유와 원인에 연연하게 됩니다.

어떻게 해야 '가짜 못 하겠어'의 저주에서 해방될 수 있을까요? 간단합니다. 그냥 '안 해'라고 말하면 됩니다. '금연 안 해', '저금 안 해', '다이어트 안 해'라고 말이죠. 안 하는 것은 여러분 자신의 판단입니다. 하지 못하는 이유와 원인이 필요 없으니 그러한 것들을 찾아다닐 필요도 없습니다.

제가 상담했던 한 여성은 "정리를 하지 않으면 운이 나빠진다는데 바빠서 시작조차 하지 못하고 있어요."라고 말했습니다. 하지만 그녀는 반년 전에도 같은 말을 했습니다. 생각해보면 계속 '하지 못하는데 어쩌지' 하고 고민한다는 건 어차피 하지 않는다는 것입니다. 그렇다면 처음부터 '안 해'라고 말하면 됩니다. 용기를 내서 '안 해'라고 딱 부러지게 말하면 찜찜한 기분을 맛보는 시간도 현저하게 줄어듭니다.

현대사회에서는 쓸데없는 정보를 너무 많이 접하게 됩니다. 텔레비전이나 인터넷, 잡지, 책에서 '하는 게 낫다'거나 '하지 않으면 손해다'라는 정보가 매일 쏟아집니다. 해야 할 일을 많이 알고 있어도 그 순간에 할 수 있는 것은 한 가지밖에 없습니다. 물론 금연도 저금도 다이어트도 '한다'고 단호히 결심하는 게 최선임은 말할 필요도 없습니다. 그런데 동시에 여러 가지 일을 하려고 하니까 한 가지 중요한 사안에 집중하지 못하는 것입니다. 마치 두 마리 토끼를 쫓다가 한 마리도 잡지 못하는 모습입니다.

인간은 동시에 보거나 듣거나 집중하지 못합니다. 물리적으로 불가능합니다. 해야 할 일이 많다면 더욱더 '지금 집중해야 할 일'을 하나 정하고 나머지 90퍼센트의 일은 거절하세요. 그러면 '가짜 못 하겠어'로 스트레스를 받지 않고 해야 할 일을 해낸 나를 만날 수 있을 것입니다.

실패는 '피드백'이라고
바꿔 말한다

강인하고 단단한 멘탈을 만들기 위해서는 반드시 행동이 뒤따라야 합니다. 아무것도 하지 않고 가만히 앉아 있으면 상황은 좋아지지 않습니다. 부정적 감정이 보내는 경고를 인정하고 어떤 것도 탓하지 말고 부족한 능력을 보충하기 위해 행동해야 합니다. 그 과정에서 반드시 문제가 되는 것이 '실패를 받아들이는 법'입니다.

인생은 도전과 극복의 반복입니다. 어제 하지 못했던 것을 오늘 할 수 있게 되는 과정을 즐긴다면 사는 게 즐거워집니다. 하지만 그 과정에서 따르기 마련인 실패를 잘못 이해하면 인생이 고달파집니다. 여러분에게 실패가 '나쁜 것'이라면 뭘 하든 엉덩이가 무거워지는 게 당연합니다.

　일, 공부, 운동, 연애도 모두 도전과 극복의 반복입니다. 한 번의 실패도 용납하지 않는다고 생각하면 '열심히 해'라는 말을 들어도 다리가 얼어붙는 게 당연합니다. 처음부터 자전거를 탈 수 있는 사람은 없습니다. 몇 번이나 넘어져도 다시 일어나 도전을 계속했기에 자전거를 잘 탈 수 있게 된 사람이 대부분일 것입니다.

　그러면 실패를 어떻게 봐야 할까요? 바로 결론부터 말하자면 실패는 '피드백의 재료'입니다. 그렇게 생각해야 극복하는 과정이 즐겁습니다. 일반적인 의미의 '피드백'feedback이란 일한 내용을 보고 의견이나 평가를 해주는 것을 말하는데 원래 의미는 상당히 다릅니다. 피드백은 제어공학 분야에서 쓰이는 용어입니다. 적정한 온도를 계산해서 자동으로 쾌적하게 조정해주는 것이 피드백의 기본 구조입니다. 가령 여름철, 방 온도가 35도라고 합시다. 에어컨은 28도로 설정했습니다. 방과 에어컨의 설정 온도의 차이는 7도입니다. 그 차이를 메우기 위해 에어컨은

냉기를 방출합니다. 28도가 된 후에도 누군가가 방에 들어오면 다시 방 온도가 올라가죠. 그때마다 센서가 설정 온도와의 차이를 계산해서 방 온도가 설정 온도와 일치하도록 운전을 시작합니다. 이렇게 이상과 현실을 계속 메워가는 것이 피드백의 특성입니다.

중요한 것은 피드백 구조에 '부정은 필요 없다'는 것입니다. 실내 온도를 설정 온도에 맞추지 못했다고 '나는 안 돼'라고 자기 부정을 하는 에어컨이 있을까요? 만약 에어컨에 감정이 있다고 해도 낙심하지 않을 것입니다. 왜냐하면 피드백이란 이상과 현실의 차이를 기계적으로 메워가는 것이기 때문입니다.

행동한 결과가 예상한 대로 나오지 않더라도 그것이 끝이 아닙니다. 실패는 새로운 시작입니다. 실패란 '무엇을 어떻게 바꿀 것인가'를 알기 위해서 하는 것이니까요.

어느 버라이어티 방송에서 '연애관'에 대해 질문을 받은 남학생이 이렇게 대답했습니다.

"잘되지 않을 게 눈에 선한데 연애는 뭐 하러 합니까?"

그것이 본인의 가치관이라면 어쩔 수 없습니다. 하지만 한 번 실패했다고 다 끝났다고 여긴다면 참 서글픈 일입니다.

도전과 극복을 쉬지 않고 반복한 사람은 반드시 결과를 냅니다. 실패라는 끝을 피드백이라는 시작으로 바꾼 것이죠. 그러면 자신을 믿을 수 있습니다. 그리고 그 자신감을 토대로 다시 새로운 도전과 극복을 반복합니다. 인생을 잘 사는 방법은 이것밖에 없습니다.

　공부든 일이든 운동이든 연애든 잘 안 되면 누구나 낙담합니다. 철저하게 낙담한 후에는 에어컨처럼 실상과 이상의 차이를 계산하고 그 차이를 메우기 위해 담담히 행동에 나서길 바랍니다. 몇 번이라도 좋으니 피드백을 반복하세요. 그렇게 하면 큰 성과를 얻을 수 있을 것입니다. 계속해서 도전하고 극복하는 것이 얼마나 즐거운 일인지 알게 될 것입니다.

푸념과 불평불만을
멈추는 마법의 말

열등감이나 한심함, 비참함과 같은 감정은 마음이 여러분에게 보내는 경고입니다. '분하다'는 기분을 느끼고 이를 행동으로 옮기면 부족한 능력을 보충할 수 있습니다. 다만 행동을 하나 했다고 해서 자동으로 마음이 강해지는 것은 아닙니다. 행동을 차근차근 바꿔가다 보면 반드시 거치는 과정이 있습니다.

'무엇을 위해 행동하고 있는가.'

목적을 잃어버리는 것입니다. 대체로 목적을 잃어버리면 타인이나 환경에 신경을 빼앗기고 푸념하거나 불평불만을 쏟아내고 그 외의 일로 머리가 가득 차게 됩니다. 말해봤자 소용없다는 걸 알면서도 구시렁구시렁 불만을 늘어놓아 긍정적인 결과를 얻지 못하게 된 경험이 누구나 있을 것입니다.

말하지 말자고 입만 막으면 잡초를 뽑는 것과 같습니다. 아무리 제거해도 다시 잡초가 자라는 것처럼 말이 무심결에 입 밖으로 튀어나오지 않을까요? 그럴 때는 글자 그대로 가장 밑바닥에 깔린 문제부터 해소하세요. 푸념이나 불평불만을 뿌리부터 뽑아내는 일은 의외로 간단합니다. 자기 자신에게 이렇게 속삭이는 것입니다.

'그렇게 싫으면 그만둬!'

이것은 아주 강력한 말입니다. 저도 일주일에 한 번쯤, 많을 때는 몇 번이나 스스로에게 '그렇게 싫으면 이제 그만두자'라고 말합니다. 왜 그런 심한 말을 스스로 하느냐고 생각할 수 있습니다. 그만두라고 부채질하는 것은 아닙니다. 불쾌한 기분을 느끼면서까지 하지 않으면 안 되는 이유를 끌어내기 위해서입니다.

인간은 어떤 일을 처음 시작했을 때 목적이나 의미를 자주 잊어버립니다. 마음 편히 '그만두면 돼', '그만둘까'라고 말할 수 있다면 얼마나 좋을까요. 하지만 대체로 싫어도 힘들어도 그만 두지 못합니다. 가령 일이나 직장 상사와의 관계가 아무리 힘들어도 직장을 섣불리 그만둘 수는 없습니다. 그래서 더욱 '그럼에도 내가 이 일을 선택한 이유는 무엇일까?'라고 자신에게 묻기를 바라는 것입니다.

직접 경영하던 회사에서 손을 떼고 다시 회사원이 되었을 때의 일입니다. 제가 맡은 분야는 사내연수를 기획하는 일이었습니다. 그 일의 목적은 심리 카운슬러, 연수강사로서 새로 출발하는 것이었죠. 그 후에는 시각장애와 누나의 죽음에 대한 의미를 찾으려고 했습니다. 입사했을 무렵에는 확실한 목적의식이 있었던 겁니다.

하지만 아무리 원대한 목적이 있어도 일상에 매몰되면 잊어버리게 됩니다. 어느 날, 남은 자료에 찍힌 스테이플러 심을 떼서 종이분쇄기에 넣어 파쇄하는 데만 한 시간이 걸렸습니다.

문득 '왜 이런 짓을 하고 있는 거지' 하는 생각이 들고 허무함이 느껴졌습니다. 점점 더 싫어하는 것에 시선이 향하기 시작했습니다. 자꾸만 회사나 상사에 대한 불평불만이 쌓였습니다. 한 회의에서는 일에 대한 의견이 절충되지 않아 나도 모르게 상사에게 회사에 대한 불만을 터트렸습니다. 그러자 상사가 조용히 다가와 이렇게 말했습니다.

"자네 기분은 충분히 이해해. 하지만 그렇게 불만이라면 그만두는 수밖에 없어."

다시 생각해도 심한 말이네요. 하지만 그 말이 맞습니다. 진절머리를 내고 잠시 걸으면서 '정말로 그만둘까'라고 생각한 순간, 정신이 번쩍 났습니다.

'아니지, 시각장애와 누나의 죽음에 대한 의미를 찾으려고 여기에 왔는데. 한 번 더 시작해보겠다고 해놓고선' 하고, 잊어버렸던 목적이 불현듯 생각난 것입니다.

평소 푸념을 하거나 불평불만을 드러내지 말라는 조언을 자주 듣습니다. 하지만 그것은 아주 부자연스러운 일입니다. 생각난 것을 곧장 말하라는 게 아닙니다. 마치 불평불만이 없는 것처럼 속이고 미화하는 것이 부자연스럽다고 말하고 싶은 것입니다.

사소한 일에 주의를 빼앗기는 이유는 목적을 잊어버렸기 때문입니다. 불평불만은 자신의 문제라는 것을 깨닫기 바랍니다. 인간에게는 누구나 불쾌한 일, 힘든 일을 극복할 수 있는 강인함이 내재되어 있습니다. 하지만 그것은 그 시간이 의미가 있다는 것을 알기 때문에 할 수 있는 것입니다. 그곳에서 지내는 의미와 목적을 잊어버렸다면 누구나 약해지기 마련입니다. 입단속을 하고 적당히 참으면서 '그렇게 싫으면 그만두면 되잖아'라고 말해주세요. 그러면 잊고 있었던 '그래도 하지 않으면 안 되는 이유'를 떠올릴 수 있을 것입니다.

눈앞에 놓인 일에만
집중한다

　'눈앞의 일에 사로잡히다'는 좋은 의미로 쓰이는 말은 아닙니다. 하지만 아주 중요한 말입니다. 마음 근육을 단단하게 만들려면 약한 부분을 보충하려고 행동을 해야 합니다. 단, 몇 가지 장애물이 있습니다. '○○ 못 하겠어'라고 말하거나, 실패가 두려워 시작하지 못하거나, 목적을 잃어버리는 것도 행동을 하지 못하게 가로막는 요인입니다.

　그리고 또 한 가지 기억해야 할 것이 있습니다. **하늘에서 세상을 내려다보는 '새의 눈'으로 전체를 보거나 미래를 내다보면**

하나하나 단계를 밟으며 행동하는 것이 바보처럼 느껴집니다. 그래서 '곤충의 눈'으로 눈앞에 놓인 일에만 집중해야 합니다.

어떤 일을 하는 의미나 원대한 목적은 행동을 시작하거나 지속하는 원동력이 됩니다. 한편, 행동은 차근차근 꾸준히 해나가야 합니다. 다시 말해 의미나 목적에서 의식을 분리해 눈앞에 놓인 일에 집중하지 않으면 안 됩니다. 그리고 새의 눈과 곤충의 눈을 잘 구분해 활용해야 합니다.

저는 어린 시절부터 아버지를 따라 종종 등산을 했고 학창 시절 내내 등산부에서 활동해 지금까지 많은 산을 경험했습니다. 당연한 말이지만 정상에 도착하려면 곤충의 눈으로 보면서 한 발 한 발 걸어가야 합니다. 이따금 지도를 확인하면서 새의 눈으로 산 전체를 보기도 하지만 걷는 동안에는 곤충의 눈이 되어 무심히 걷습니다.

사실 오래 걸으면 힘듭니다. 정상까지 얼마나 남았는지 확인하고 싶어서 지도로 남은 거리를 계산해보기도 합니다. 하지만 그럴수록 아직 갈 길이 멀다는 걸 알게 되어 넌더리를 내게 됩니다. 또 '어째서 산을 오르는 것일까', '다 올라가고 나면 무엇이 있을까' 하며 점점 쓸데없는 생각을 하기 시작합니다. 그러면 '나는 여기서 대체 뭘 하고 있는 것일까'라는 생각에 발걸음을 멈추고 싶어집니다.

새의 눈으로 전체를 보면서 곤충처럼 행동하는 게 쉽지 않습니다. **그럼에도 불구하고 행동하는 동안에는 새의 눈을 봉인하고 철저하게 곤충의 눈으로 봐야 합니다. 눈앞에 있는 일에만 집중하면서 목표에 도달하는 것입니다.** 의미나 목적과 같은 '보이지 않는 것'을 잊어버리는 것도 뭔가를 달성하는 데 중요한 요소입니다.

청소도 마찬가지입니다. 흔히 깨끗해진 방을 상상하며 청소를 시작하라고 말하는데, 상상했다고 쳐도 산더미처럼 쌓인 물건을 보면 '이걸 언제 치우냐' 싶어 시작하기도 전에 질려버릴지도 모릅니다.

새의 눈을 가지고 목표를 세우는 것은 중요합니다. 하지만 먼 곳을 바라본 채로는 적극적으로 행동에 나설 수가 없습니다. 극단적으로 말해서 청소를 한다고 가정하면 '떨어진 펜을 책상 위에 올려놓는다'라는 눈앞의 일, 더 사소한 일에 집중해야 하는 것입니다.

무슨 일이든 한 개, 하나, 한 발씩 눈앞의 일을 차근차근 해나가는 곤충의 눈으로 행동하기 바랍니다. 아무리 사소해도 그러한 것들은 여러분을 목표에 다가가게 해주는 '확실한 한 걸음'이 될 것입니다.

"오늘 할 거야.
아니, 지금 할 거야."

　저는 평소에 '계속한다'라는 표현이나 '지속'이라는 단어를 거의 쓰지 않습니다. 왜냐하면 둘 다 부자연스러운 말이기 때문입니다. 과거에 '계속하자'거나 '지속하자'고 말하고 시작했던 일이 무수히 많습니다. 하지만 그 결과, 계속한 일은 하나도 없습니다. 지금까지 실천하고 있는 습관이나 일은 전부 자연스러운 흐름으로 계속해왔을 뿐입니다.

　흔히 '지속하는 것이 힘이다'라고 말합니다. 분명 중요한 말이지만 실제로 그렇게 간단하고 꾸준하게 할 수 있을까요? '아침에 운동하고 싶은데 같은 시간에 일어날 수가 없어서', '다이어트를 계속하기 어려워서', '절약하는 습관을 기르고 싶은데 꾸준히 하기 힘들어서'라고 많은 사람이 말합니다.

어떻게 하면 지속하는 사람이 될 수 있을까요? 결과부터 말하자면 다르게 표현하면 됩니다. **'계속한다'거나 '지속'이라는 말을 쓰지 않고 3일만 '오늘 한다'로 바꿔 말해보세요.** 물론 말하고 나면 바로 행동으로 옮겨서 '실행'을 해야 합니다.

왜 '계속한다', '지속'이라고 말해서는 안 될까요? 우선 '계속한다'는 말의 품사가 뭔지 알고 있나요? 동사입니다. 동사란 움직임을 나타내는 말입니다. 가령 '마신다', '앉는다' 등의 동사라면 당장에, 확실히 실행에 옮길 수 있습니다. '계속한다'는 대체 어떻게 움직이면 좋을까요? 모르겠다고요? 네, 그렇습니다. 구체성이 전혀 없죠. 그리고 '지속'은 품사가 명사입니다. 단어만 놓고 봤을 때는 구체적으로 어떻게 하면 좋은지 상상이 되지 않습니다. 움직이기 위한 말로 쓰기에는 부자연스럽습니다.

'계속한다'와 '지속'이라는 말은 '계속한다'라는 상태를 나타내거나 '계속했다'라는 결과를 표현할 때 쓰는 말입니다. 그래서 뭔가 시작할 때 쓰는 말로는 어울리지 않습니다. '지속'이란 단어에는 '미래의 행동을 지금 결정한다'는 무게감이 느껴집니다. 예를 들어 올해 꾸준히 해야 할 습관을 정하면 1년 치 수고를 짊어지는 느낌이 들죠. '계속하지 못하면 어떡하나' 불안하면 '오늘 할 일'에 집중하지 못합니다. 결국 포기하게 됩니다. 다시 말해 '계속하자'라고 하니까 계속하지 못하는 것입니다.

운동이나 다이어트, 저금, 그 외 좋은 습관을 계속 유지하고 싶다면 그 일을 결심했을 때 느꼈던 감정의 에너지를 이용해 3일만 '오늘 한다'라고 말하고 실행하세요. 일단 3일만 계속하면 '어제도 했으니 오늘도 할까'라는 식으로 왠지 모르게 타성에 젖어 행동하게 됩니다. 적어도 첫날보다 편하게 해낼 수 있을 것입니다.

'오늘 한다'는 행동이 쌓인 결과가 '지속'입니다. 시작하기 전부터 결과를 내게 하여 부담을 짊어지지 않아도 됩니다.

저는 10년 이상, 정기적으로 근육 운동을 하고 있습니다. 하지만 '계속하자'거나 '지속'이라는 말을 쓴 적은 단 한 번도 없습니다. '오늘 한다'거나 '지금 한다'고 말하고 실행할 뿐입니다. 계속해야 한다고 애를 쓰지도 부담을 느끼지도 않으며 자연스럽게 계속하고 있습니다.

지금까지 여러분이 계속하지 못했던 이유는 '계속한다'거나 '지속'이라는 무거운 말로 부담을 줬기 때문입니다. 여러분에게 정말로 필요한 일이라면 애쓰지 않아도 계속할 수 있을 것입니다. 괜찮습니다. 계속하지 못하는 사람은 없습니다. '지속'이란 말의 주술에서 해방되면 불안이나 긴장, 부담감이 사르르 풀릴 테니까요.

고작 3일이라도 상관없습니다. '오늘 한다'고 말해보세요. 그러면 문득 돌아봤을 때, '계속했다'고 말할 수 있는 날이 올 것입니다.

변하지 않는다고
포기하지 말 것

직장에서의 인간관계, 부부관계, 아이와의 관계 등 우리는 다양한 사람들과 관계를 맺으며 살아갑니다. 간혹 상대방이 이런 점을 바꿨으면 좋겠다 싶을 때도 있을 겁니다. 하지만 무슨 말을 해도 변하지 않죠. 그럴 때면 짜증이 나고 감정을 조절하지 못해서 동요하기도 합니다. 특히 누가 봐도 상대가 잘못했을 때는 더욱 그렇게 생각하게 되죠. 바꾸려고 하면 할수록 상대도 완강히 버텨서 최악의 상황에 빠집니다.

무리라는 걸 알면서도 상대방을 바꾸고 싶은 마음은 자연스

러운 감정입니다. 하지만 다른 사람을 바꾸려는 것은 부자연스러운 행동입니다.

'인간은 변하지 않는다'라는 말을 들어봤을 것입니다. 다른 사람을 바꾸거나 뜻대로 움직일 수 없는 이유는 무엇일까요? 인간은 물건이 아니기 때문입니다. 사람들이 여러분을 물건처럼 함부로 대하거나 꼭두각시 인형처럼 마음대로 조종한다고 상상해보세요. 그러면 왜 불가능한지 충분히 이해할 수 있을 것입니다.

'회사의 꼭두각시가 되었는데…'라는 말을 들은 적이 있습니다. 이는 정확히 말하면 보수와 대우라는 보상이 필요해서 본인의 판단에 따라 '조종당해준 것이다'가 명확한 표현이겠죠. 같은 논리로 '아이를 공부시켰다'고 해도 결과가 생각한 대로 나오지 않는 것을 상상하면 잘 이해할 수 있을 것입니다.

'심리 카운슬링은 상대의 마음을 바꾸는 일이 아닌가?'라고 생각할지도 모릅니다. 저는 지금까지 많은 사람들의 고민을 들어왔지만 상대를 '바꾼' 적은 단 한 번도 없었던 것 같습니다. 그저 영향을 줘서 본인이 스스로 변한 것뿐입니다.

'다른 사람을 내가 원하는 대로 바꿀 수 없다'가 진실입니다.

그렇다고 해서 '아무것도 할 수 없다'고 포기해서는 안 됩니다. 직접적으로 사람을 바꾸지는 못해도 영향을 주어 간접적으로 상대가 변할 수는 있습니다. 그것을 의도적으로 노리는 것입니다.

이를 위해 해야 할 일은 다음 세 가지입니다.

1. 어떤 반응을 얻고 싶은지 정하기
2. 어떻게 행동하면 1번을 끌어낼 수 있을지 생각하기
3. 2번을 자신의 과제로 삼고 시행착오를 계속하기

상대를 직접 바꾸려고 하니까 안 되는 것입니다. 게임 속 세계를 상상하면 이해하기 쉬울 것입니다. 가령 마리오 카트를 즐길 때 조종할 수 있는 것은 특정 캐릭터 한 명뿐입니다. 방해하는 캐릭터가 아무리 귀찮게 해도 다른 캐릭터는 조종할 수 없습니다.

현실 세계도 이와 다르지 않습니다. 우리에게 컨트롤러란 '의지'를 가리킵니다. 안타깝게도 그것은 타인에게 영향을 끼치지 않습니다. 아무리 타인이 방해를 하고 성가시게 굴어도 자기 의

지대로 움직이는 것 말고는 할 수 있는 게 없는 것입니다.

우리는 서로 영향을 주고받으며 살아갑니다. 상대의 반응에 따라서 나의 반응이 달라지듯 나의 말이나 행동에 상대도 영향을 받습니다.

이런 생각에 이르기까지 저도 무수한 실패를 거듭했습니다. 가장 가슴 아픈 기억은 아내를 바꾸려고 했던 것입니다.

아내가 직장의 과도한 업무에 시달리다 우울증에 걸려서 제가 곁에서 보살폈을 때였습니다. 아내는 이따금 죽음을 암시하는 행동을 했습니다.

어느 날, 아내에게 온 메일을 확인하고 가슴이 철렁했습니다. 메일에는 딱 한 마디, '안녕'이라고 쓰여 있었습니다. 메일을 읽자마자 허둥지둥 집으로 달려갔던 기억이 납니다. 누나를 우울증으로 잃었기에 다시 가족을 잃을지도 모른다는 강한 공포심이 들었습니다. 아내를 바꾸려고 "그런 거 그만하라고 했지!" 하고 소리친 적도 있습니다.

어느 날, '타인은 변하지 않는다'라는 내용을 강연했을 때, 한 수강생이 이런 질문을 했습니다.

"그 말은 할 수 있는 게 아무것도 없다는 말인가요?"

그는 상사를 바꾸고 싶어 했습니다. 제 대답은 이랬습니다.

"상대를 바꾸려고 하니까 안 되는 겁니다. 직접적으로 영향을 주겠다는 생각을 바꿔야 해요. 상대에게 영향을 받고 있다면 이쪽에서도 영향을 줄 수 있습니다."

그렇게 말한 순간, '아, 그게 바로 나구나' 하고 깨달았습니다. 당시에 아내에 대한 저의 태도가 영향을 주었을 것입니다. '남편이 나를 매정하게 대하네. 나를 필요로 하지 않는구나. 나는 없어도 되나 보다' 이런 생각을 하게끔 영향을 끼쳤을 것입니다. 그제야 아내에게 '죽음을 암시한다'는 반응을 끌어낸 게 저라는 사실을 깨달은 것입니다.

아내가 변화하기를 기대하기보다 내가 할 수 있는 일이 있다는 깨달음을 얻고 평온을 되찾았습니다. 그리고 아내가 변해야 한다고 믿었던 자신이 부끄러웠습니다. 물론 그것이 전부라고는 말할 수 없지만 아내를 바꾸려고 하지 않고 지금 내가 할 수 있는 일에 의식이 향하자 아내는 점차 기운을 차렸습니다.

타인을 바꾸고 싶고 마음대로 움직이고 싶은 마음은 누구에게나 있는 자연스러운 마음입니다. 단, 여러분이 바꾸려 하는 상대도 여러분을 바꾸고 싶어 한다는 사실을 깨달아야 합니다.

204

저도 여전히 '말해봤자 바뀌지 않을 사람'을 바꾸고 싶을 때가 있습니다. 괜찮습니다. 그럴 때마다 자연스러운 반응이라고 인지하고 자신을 바꾼다면 그걸로 충분합니다. 분명히 앞으로도 뜻대로 되지 않는 타인이 나타날 것입니다. 그럴 때마다 이 말을 떠올리길 바랍니다.

'상대에게 영향을 받고 있다면 나도 그 사람에게 영향을 줄 수 있다.'

스스로 변화하고 움직이는 데 집중한다면 상대를 바꾸고 싶어 짜증 내는 시간도 줄어들 것입니다.

제6장

마음 근육을 단단하게
만드는 관계 연습

좋은 관계를 만드는
세 가지 요소

마음이 약해졌다는 것을 인정하기 어려운 이유는 주변에 '그렇게 느낄 만한 이유'에 공감해주는 사람이 없기 때문입니다. 부정적 감정으로 나타나는 경고를 무시하고 마음이 약해져 있는 사람은 대체로 강한 척하는 사람에게 인정받지 못합니다. 일하다 실수를 하고 낙담한 상황에서 누군가가 '힘들겠다'며 공감해줄 때와 '그런 일로 낙담하지 마!'라며 부정할 때, 마음이 작용하는 방식은 완전히 다릅니다. 실제로 그런 말을 듣지 않아도 '어차피 내 마음을 알아주는 사람은 없을 텐데'라고 느낀다면 약한 마음을 스스로도 인정하기 어렵습니다.

강하고 단단한 마음을 얻기 위해서는 불필요한 인간관계를 정리하는 데 가장 힘을 쏟아야 합니다. 인간관계의 질을 높이면 여러분의 마음은 더욱 안정될 것입니다. 그런데 질 높은 인간관계란 어떤 것일까요? **바로 '협력, 공감, 공유'라는 세 가지 요소가 채워진 관계입니다.**

이러한 인간관계를 늘리거나 지금 있는 인간관계에서 이 세 가지 요소를 늘려야 합니다. 협력, 공감, 공유는 인간에게 '정신적 영양분'이라고 할 수 있습니다. 마음은 근육과 같아서 정신적인 상처를 인정하면 부족한 것을 보충하려고 행동하게 되고, 이로 인해 상처를 잘 받지 않게 됩니다.

단, 상처와 자극만 받아서는 강해지지 않습니다. 근육의 경우, 충분한 영양과 단백질을 섭취하지 않으면 보상 작용인 초과회복이 일어나지 않습니다. 마음도 마찬가지입니다. 현재의 마음 상태를 인정하고 정신적인 상처와 고통을 받는 것에 더하여 협력, 공감, 공유라는 영양분을 섭취해야 합니다.

그러면 어떻게 해야 세 가지 요소가 채워진 질 높은 인간관계를 맺을 수 있을까요? 단적으로 말하면 '서로 돕지 않으면 안 되는 성가신 일을 함께하는' 것입니다.

지방의 깊은 산속에서 자급자족하며 사는 가족을 밀착 취재
한 텔레비전 방송을 본 적이 있습니다. 그들이 사는 곳에는 전
기나 수도와 같은 인프라도 없고 식재료를 살 상점도 없습니다.
그들은 그저 가축을 키우면서 가족과 지역의 도움을 받으며 살
아갑니다. 어떤 의미에서 인간적인 삶을 사는 사람들이라고 할
수 있습니다.

그날 방송의 주제는 '햄버거 만들기'였습니다. 직접 경작한
재료로 빵을 굽고, 잡은 사슴고기를 다지고, 햄버거에 넣을 들
풀을 뽑고, 닭이 낳은 달걀로 마요네즈를 만드는 등 온 가족이
협력하여 힘들게 햄버거를 완성했습니다. 이 모습을 본 한 예능
인이 이런 말을 했습니다.

"다 함께 만들고 서로 맛있다고 칭찬하는 모습은 상점에서는
살 수 없지."

이것이야말로 이상적인 협력, 공감, 공유라고 할 수 있습니다.
우리가 사는 현대사회에서 이 세 가지 요소를 얻기란 굉장히 어
렵습니다. 서로 돕지 않아도 어떻게든 살 수 있는 편리한 사회
이기 때문입니다. 누군가와 협력하지 않아도 상점에서 간편하

게 햄버거를 사 먹을 수 있고 마음만 먹으면 대화 한마디 나누지 않고 필요한 것을 전부 손에 넣을 수 있습니다.

그런 편리함을 얻은 대신에 공감하고 공유할 기회는 눈에 띄게 줄었습니다. 의식하지 않으면 서로 도와야만 해결할 수 있는 성가신 일을 하지 않아도 됩니다. 다시 말해 쉽게 정신적 영양 부족 상태에 빠지는 것입니다.

서로 돕지 않으면 안 되는 성가신 일은 찾으려고 하면 얼마든지 찾을 수 있습니다. 애초에 일은 협력, 공감, 공유의 보고입니다. 일상생활에서 찾아보면 스포츠나 바비큐 파티가 있겠죠. 그 외에도 축제나 이벤트 등도 좋을 것입니다. 실제 장소가 아니어도 상관없습니다. 같은 관심사나 취미를 공유하는 인터넷 커뮤니티나 서로 협력하여 진행하는 소셜 게임Social Game(소셜 네트워크 서비스를 기반으로 사용자가 온라인상의 인맥을 통하여 친목을 도모하면서 하는 게임 — 옮긴이)도 있습니다. 많은 사람이 SNS에 시간을 쓰는 이유도 거기에서 협력, 공감, 공유를 얻을 수 있기 때문입니다.

오늘 얼마나 협력, 공감, 공유를 얻었는지를 의식하고 인간관계의 질을 높이세요. 그렇게 하면 여러분의 마음은 자연스럽게 안정될 것입니다. 직접 '힘들겠다'라는 말을 듣지 않아도 '나를 알아주는 사람이 있다'라는 안도감이 싹트기 때문입니다. **꼭 말로 표현하지 않아도 서로 신뢰가 쌓이면 혼자서도 약해진 마음을 인정할 수 있습니다.**

성실하게 들어줄 사람이
곁에 있는가

'고민을 털어놔서 속이 시원하다!'

'누군가가 이해해준다고 생각하니 마음이 편해졌다.'

'마음을 받아주는 느낌을 받아서 좋았다.'

이렇게 느낀 경험이 여러분에게도 있을 것입니다. 심리 카운슬러라는 직업상 이런 말을 들을 때가 자주 있고 저도 누군가의 마음을 이해해줄 수 있다면 안심입니다. 하지만 이야기를 들어주는 상대를 찾는 것은 도박과도 같습니다. 이해해줄지 말지, 받아줄지 말지는 자기 자신의 역량과는 관계가 없으며 운명에

맡기는 것까지는 아니더라도 대부분 상대의 마음에 달렸습니다.

"남편에게 털어놔봤자 이해해주지도 않고 무슨 말만 하면 아니라고 소리쳐서 이제 아무 말도 하지 않아요."

이렇게 말하는 여성들을 지금까지 몇 번이나 상담했습니다. 상대를 가리지 않고 '공감'을 구하면 더 상처받을 수도 있습니다. **그렇다면 어떻게 해야 '이야기를 들어준다'라는 도박과도 같은 확률 싸움에서 이기고 제대로 이야기를 들어줄 사람을 구할 수 있을까요? 정답은 '성실한 사람을 찾는 것'입니다.**

이해를 구하지 못해서 생긴 정신적 상처를 저도 여러 번 경험했습니다. 시각장애를 얻고 얼마 안 되었을 때의 일입니다. '눈이 잘 보이지 않는다'고 말하자 주변 사람들이 비슷한 말을 했습니다.

"나도 눈이 나빠서 안경이나 렌즈를 벗으면 잘 보이지 않아요."

아마 저를 배려해서 한 말이었겠죠. 하지만 이 '나도'라는 말을 들을 때마다 늘 영문을 알 수 없는 떨떠름한 느낌을 받았습니다. 배려는 고맙지만 '눈이 나쁘다'는 수준이 현격히 달라서 허무함을 느낀 것입니다.

그런 와중에 잊을 수 없는 것은 어떤 거래처의 남성이 해준 말입니다. 내가 그에게 가진 인상은 '덤벙대고 일은 서툴지만 성실한 사람'이었습니다. 시각장애가 있다고 말하자 그는 이렇게 말했습니다.

"가타다 씨, 저… 솔직히 아무것도 해줄 말이 없네요."

굉장히 성실한 대답이었습니다. 해결책도 없는데 다정하게 마음 써주는 것이 오히려 상처가 되기 시작할 무렵, 그가 해준 '성실한 대답'에 마음이 치유되었던 기억이 납니다.

고민이나 고통을 타인에게 털어놓았을 때 마음이 편해지는 이유는 자기 혼자만 짊어진 게 아니라는 사실을 실감하기 때문입니다. 앞에서 설명한 대로 인간은 혼자 살 수 있을 정도로 강한 존재가 아닙니다. 실제로 문제를 해결하는 것은 자기 자신입니다. 그래도 '신뢰할 수 있는 누군가'가 곁에 있으면 문제가 생겼을 때 문제의식을 공유할 수 있습니다. 그걸 실감해야 비로소 용기가 생깁니다.

이야기를 들어줄 상대를 잘못 선택하면 여러분의 마음은 상처를 받습니다. **따라서 해결책을 알려주는 우수한 사람, 배려심**

이 있는 다정한 사람도 좋지만 '같은 시선으로 생각해주는 성실한 사람'에게 먼저 마음을 털어놓길 바랍니다.

말하지 않으면
아무도 모른다

뭔가 큰 고민이 있거나 우울하고 미래를 생각하면 마음이 불안한가요? 그럴 때는 누군가에게 마음을 털어놓고 이해받고 싶어집니다. 하지만 중요한 일일수록 타인에게 이해를 구하기가 어렵습니다. 그러다 보니 '아무도 알아주지 않네'라며 기분이 더 깊게 가라앉기도 합니다.

아무도 이해해주지 않아서 섭섭해지고 낙담하게 되는 것도 마음이 약해서 나타나는 부정적 반응이며 매우 자연스러운 일입니다. 다만 어째서 아무도 알아주지 않느냐고 언성을 높이면 더 이해를 얻지 못합니다. 허탈한 기분이 들기도 합니다. 그렇다면 어떻게 해야 주위 사람들이 여러분의 기분을 알아줄까요?

먼저 이해해주었으면 하는 마음의 장벽을 낮추고, 그다음 어떻게 하면 이해해줄지 방법을 찾아보는 것입니다. 말이란 불완전합니다. 본 것이나 들은 것, 느낀 것을 그대로 말한다고 해서 여러분의 머릿속에 있는 아주 디테일한 정보까지 상대에게 100퍼센트 전달되는 것은 아닙니다.

부부나 부모, 자식 등 친밀한 관계라면 더욱 알아주었으면 하는 기대치가 높을 것입니다. 게다가 뭔가를 고민하고 불안해하는 상태에서는 말이나 표현을 냉정하게 고를 여유가 없습니다. 어떻게 하면 잘 전할 수 있을지 방법을 찾는 걸 게을리해놓고 상대방에게 터무니없이 높은 이해를 기대한다면 상대가 이해해주지 않는 것에 불쾌한 기분이 드는 게 당연합니다.

저도 눈이 얼마나 보이지 않는지에 대해 아무도 이해해주지 않는다고 고민하던 시기가 있었습니다. 특히 경영하던 회사에서 손을 떼고 회사원이 되었을 때의 일입니다. 시각장애인이라는 사실은 말했지만 얼마나 보이는지는 주변에 말하지 않아서 마음이 찜찜했습니다. 그러던 차에 어떤 사람이 이렇게 말해주었습니다.

"가타다 씨의 눈 상태가 어느 정도인지 잘 몰라서요."

그때 아무도 알아주지 않는다며 사람들에게 서운해하고 있었다는 것을 깨달았습니다. 제대로 전달하려는 노력도 하지 않고 이해해주기를 기대했던 게 부끄러웠습니다. 그 후로는 얼마나 잘 보이지 않는지 시야를 표현하는 그림을 만드는 등 사람들이 쉽게 이해할 수 있게 말하는 방법을 찾았습니다. 그리고 그 과정에서 무엇이 보이고 무엇이 보이지 않는지는 아주 주관적인 감각이며 완벽하게 이해를 구하기란 불가능하다는 것을 알게 되었습니다. 사실 오랫동안 같이 산 아내조차 모르겠다고 말했습니다. 하물며 만난 지 얼마 안 된 타인에게 '이해해주었으면' 하고 기대하는 것은 자기가 나서서 실망의 씨앗을 뿌린 것이나 다름없습니다.

어떻게 생각하는가, 어떻게 느끼는가도 주관적인 것입니다. 그러한 감정들이 상대에게 전해지는 것이 오히려 기적이라고 생각하길 바랍니다. 알리고 싶고 이해해주었으면 하는 것의 20퍼센트만 상대에게 전해져도 충분합니다. 그러면 절반만 전해져도 굉장히 기쁠 것입니다.

'알아주지 않는다'라는 실망감을 덜 느끼고 싶다면 상대방이 나를 이해할 수 있는 방법을 적극적으로 찾고 알아주었으면 하는 기대의 장벽을 낮춰봅시다.

먼저 이해해줄 때
생기는 변화

마음이 강해지려면 타인의 공감, 다시 말해 이해를 얻어야 합니다. 상대가 나를 이해해줄 방법을 찾고 장벽을 낮춰도 이해를 구하지 못할 때가 있습니다. 가장 고민되는 것은 서로 '이해해주었으면 하는' 부분이 부딪힐 때입니다. 특히 상사와 부하, 남편과 아내, 부모와 자식 등 함께하는 시간이 길고 감정적인 대화가 많이 오가는 관계에서는 이런 마음이 부딪쳐서 서로 자신을 이해해달라며 싸우기도 합니다. 업무회의같이 논리적으로 의논하는 자리에서도 이런 상황은 자주 일어납니다.

'이해해달라는 전쟁'을 끝내는 방법은 단 하나, 서로 이해해 달라고 싸우는 상태에서는 절대로 옳고 그름을 따지지 않는 것 입니다. '어느 쪽이 옳은가'라는 관점에서 벗어나 더 이성적인 쪽, 이 책을 읽은 여러분이 먼저 상대를 이해해주세요. 생각이나 기분, 가치관, 바꿔 말하면 상대가 생각하고 느끼고 믿는 것을 대변할 수 있을 정도로 먼저 '이해해주는' 것입니다.

한 번은 불화를 겪고 있는 부부를 중재한 적이 있습니다. 전형적인 '이해해달라는 전쟁'을 하며 부부는 서로에게 "이렇게 힘든데 왜 이해해주지 않아."라고 말했습니다. 부부를 각각 따로 만나 사정을 자세히 들어보니 더 이성적이었던 쪽은 부인이었습니다. 그래서 "남편이 하려는 말을 다 할 수 있을 정도로 먼저 들어주세요."라고 부인과 먼저 협의하고 나서 남편에게 이렇게 전했습니다.

"부인께서 반성하고 있습니다. 자신의 생각만 주장해서 나빴다고요. 두 분이서 다시 대화를 나눠보면 어떨까요?"

그 결과, '이해해달라'는 요구가 충족된 남편이 '내 일만 고집해서 미안하다'며 부인의 생각을 들어주었다고 합니다. 나중에 부인이 말하길 결혼하고 나서 남편의 그런 고분고분한 모습은 처음 보았다고 했습니다. 인간은 '이해해주면 이해를 얻는' 존재입니다.

인간에게 '협력, 공감, 공유'는 정신적인 식사나 다름없습니다. 매일 섭취하지 않으면 안 될 정도로 중요합니다. 한 번 '이해해준다'와 '이해를 얻는다'가 순환하기 시작하면 인간관계도 좋아집니다.

이해를 받고 싶은 건 여러분만이 아닙니다. 눈앞에 있는 사람도 이해받기를 원합니다. 서로 동시에 입을 열고 떠들면 누구의 목소리도 듣지 못합니다. 냉정하게 대응할 수 있는 사람이 먼저 이해해야 합니다.

인간관계란 서로의 사이에 존재하는 것입니다. 쌍방이 주고받는 것에 의해 결정되죠. 그런 관계성에서 어느 한쪽만 탓할 수는 없습니다. 대체로 여러분이 느끼는 것은 상대가 여러분에 대해 느끼는 것과 같습니다.

'이해해주었으면' 하고 바란다면 좀 더 이성적인 여러분이 먼저 상대를 이해해주세요. 그러면 전쟁도 끝나고 공감이 순환하게 될 것입니다.

주어를 '나'에서
'우리'로 바꾼다

　거실에 방치된 빈 깡통을 보고 작게 한숨을 쉬는 것이 일과가 된 지 3개월이나 되었습니다. 아내는 원래 술을 좋아해서 저녁 식사 때 하루도 빼먹지 않고 마시는 사람입니다. 물론 건강할 때라면 마셔도 괜찮습니다. 하지만 당시 아내는 우울증 진단을 받고 의사에게 술을 마시지 말라고 권고를 받은 상태였습니다.

　"무슨 일이 있어도 마시면 안 되는 건가?"라고 말하는 아내에게 "아니, 마시면 안 된다고 몇 번을 말했어!"라고 상투적으로 대답했습니다. 어느새 이런 대화가 일상이 되었죠. 지금 생각해보면 그런 험악한 관계 속에서 아내의 우울증이 좋아지기를 바라는 게 무리였습니다.

부부관계만이 아니라 친구 사이나 직장 내 인간관계에서도 의견 대립으로 분위기가 험악해질 때가 자주 있습니다. 매일 얼굴을 맞대는 관계라면 더욱 '왜 매번 이렇게 힘들까' 하고 생각할 수 있겠죠.

실제로 상담을 하면서 '어떻게 하면 인간관계를 좋게 만들 수 있을지' 묻는 사람이 적지 않습니다. **어떤 관계에서나 통용되는 방법이 있습니다. 결론부터 말하면 주어를 바꾸는 것입니다. '나'라는 주어를 '우리'로 바꿔보세요.**

관계가 대립한다는 건 서로 다른 '나'와 '나'의 의견이 부딪친다는 뜻입니다. 권투처럼 '나'와 '나' 중 누가 옳은지를 두고 경쟁하는 것과 같습니다. 힘으로 상대를 쓰러뜨린다면 일시적으로 갈등이 끝날지 몰라도 관계는 더욱 험악해질 것입니다.

자주 사용하는 말은 생각에 영향을 미칩니다. 누군가와 무언가를 할 때, '나'라는 말은 대립을 전제로 하는 관계를 낳기 쉽습니다. 그것을 협력을 전제로 하는 관계, 즉 '우리'라는 말로 바꾸기만 해도 대전 상대를 동료로 느낄 수 있습니다.

분명 나와 아내는 서로 '나'를 내세우며 강하게 부딪혔습니다. 그리고 매일 반복되는 소모적 대화에 지쳐서 이제 함께하는 것은 무리라고 생각하고 이따금 이혼이라는 선택지가 머리를 스치기도 했습니다.

어느 날 밤, 아내와 다투다 속으로만 생각했던 진심이 밖으로 튀어나왔습니다.

"적당히 좀 해!"

이 말을 시작으로 그동안 참아왔던 불만이 전부 터져 나왔습니다.

"그렇게 마시고 싶으면 혼자 나가 살지 그래?"

그 말을 들은 아내는 아무 말도 하지 않고 밖으로 뛰쳐나갔습니다. '곧 돌아오겠지'라고 가볍게 생각했으나 좀처럼 돌아오지 않았습니다. 휴대전화도 둔 채로 나가버려 불안해서 주변을 찾아보았지만 아내는 보이지 않았습니다.

'무슨 일이 생긴 게 아닐까'라는 생각이 들며 불안감이 점점 커졌습니다. 아내는 그날 새벽 두 시가 다 되어서야 집으로 돌아왔습니다. 조용히 현관문을 열던 아내를 보고 '휴우' 하고 안심했던 기억이 납니다.

"옥상에 올라갈 수 있는 맨션을 찾았는데 찾지 못했어."

현관에 우두커니 선 채로 아내는 이렇게 말했습니다. 순간 불길한 기억이 되살아났습니다. 우울증이었던 누나가 자살했을 때가 떠오른 것입니다.

'이대로는 안 돼! 내가 변하지 않으면 다시 가족을 잃을 거야' 하는 생각이 들었습니다. 그 순간, 저는 아내를 대하는 태도를 바꾸기로 결심했습니다.

이런 일이 있은 후, '우리'라는 주어를 의식하고 말하게 되었습니다. 술에 관해 '아내'는 마시고 싶어 합니다. 하지만 '나'는 아내가 술을 마시기를 원하지 않습니다. 이럴 때 '우리'는 어떻게 해야 할까요? 우리 두 사람의 문제로 함께 생각했습니다. 일상적인 대화를 하다 보면 주어를 생략할 때가 많습니다. 실제로 "우리는" 하고 말을 시작한 적은 없지만 '우리'라는 주어만 의식했는데도 그전처럼 '나'와 '나'가 부딪히는 대립 관계가 점차 누그러졌습니다.

그때까지 저는 아내의 우울증은 '아내의 문제'라고 생각했습니다. 그것이 근본적인 문제였습니다. 휴직하고 반년이나 지난 아내는 아무도 나를 필요로 하지 않는게 아닐까 매일 두려웠다고 합니다. 이런 두려움으로부터 도망치고 싶어 술을 마신다는 이야기도 그날 처음 들었습니다. 그리고 "집에서도 당신에게도 내가 필요하지 않은 것 같은 기분이 들어."라는 말을 들었을 때, 그것이 '우리 가족의 문제'라는 것을 확신했습니다.

그 후, 무사히 우울증에서 회복한 아내와는 지금도 '우리'를 소중히 하고 있습니다. 서로의 일에 대해 생각할 때도 남의 일이 아니라 언제나 '우리의 시선'으로 생각합니다. 때때로 사소한 일로 다투거나 불만을 터트리기도 하지만 며칠이나 질질 끌지 않고 순순히 사과하고 화해합니다. 이 또한 '우리라는 시선' 덕분이겠죠.

인간관계의 대립은 '우리'로 해소할 수 있습니다. 물론 재판과 같이 분쟁을 벌이는 장소에서는 '나의 시선'으로 봐야겠지만 협력해야 하는 가족과 동료, 상사를 '나의 시선'으로 보면 곤란합니다. **'나는 이렇게 생각한다', 하지만 '당신은 이렇게 생각한다' 그리고 '우리는 어떻게 판단하는가', 서로 머리를 맞대고 답을 찾지 않으면 안 됩니다.**

함께 생활하거나 매일 일하며 얼굴을 맞대면 때로 '나'와 '나'가 부딪치기도 하겠죠. 부딪히는 것은 문제가 아닙니다. 부딪친

후에 상대만 탓하고 아무것도 개선하지 않는 것이 문제입니다. 이때는 '어느 쪽이 옳은가', '어느 쪽이 나쁜가'라는 시시비비의 굴레에서 빠져나와야 합니다. 그리고 먼저 '우리'라는 주어를 의식하세요.

잃은 것보다
잃지 않은 것에 집중할 것

소중한 것을 잃으면 여러분은 어떤 느낌이 드나요? 가령 아이가 독립해 집을 떠나면, 오래 사귄 남자친구나 여자친구와 헤어지면, 아내 혹은 남편과 헤어지면, 병이나 사고로 건강을 잃으면 여러분은 어떤 기분일까요? 아마 아무런 의욕도 나지 않고 절망할지도 모릅니다. 사는 의미를 잃어버릴지도 모르죠. '상실'은 여러분의 마음을 너덜너덜하게 만들 것입니다.

소중한 것을 잃고 낙담하는 게 이상한 일일까요? 병으로 치료해야만 하는 것일까요? 아닙니다. 당연히 그렇게 느낄 만한 이유가 있는 자연스러운 반응입니다.

그렇다면 상실로 인해 약해진 마음은 어떻게 해야 원래대로 되돌릴 수 있을까요?

정답은 '잃어버린 것을 그만 바라보는 것'입니다.

그러면 대신에 어디를 봐야 잃어버린 마음을 되찾을 수 있을까요? 바로 손안에 있는 '잃어버리지 않은 것'을 보는 것입니다.

제가 겪은 '상실'에 관한 이야기를 해보겠습니다. 아이가 없는 우리 부부에게 함께 사는 고양이 네 마리는 가족이나 다름없습니다. 나와 아내에게 잊을 수 없는 '커다란 상실'이라고 하면 결혼 초기부터 함께 살았던 고양이 고노스케를 잃은 것입니다. 이변을 눈치챈 것은 죽기 며칠 전이었습니다. 고노스케는 만성 신부전으로 요독증에 걸려 여덟 살이 되던 해 눈을 감았습니다.

고노스케는 시각장애를 앓기 전부터 키웠던 고양이로 고독함을 느낄 때 저를 지탱해주었던 소중한 존재였습니다. 아내에게도 우울증으로 고생하던 시기를 극복할 수 있게 도와준 마음의 지주였죠. 모습은 고양이였으나 우리 부부에게 고노스케는 가족이었습니다.

아내와 저는 갑자기 찾아온 이별을 받아들이지 못하고 힘든 하루하루를 보냈습니다. 이른바 펫로스 증후군에 걸린 것입니다. 아무것도 할 의욕이 나지 않았고 내 앞에 놓인 절망적인 어둠도 영영 걷힐 것 같지 않았습니다. 평소와 다름없이 살았지만 산다는 실감이 전혀 나지 않았습니다.

'내가 더 빨리 알아차렸더라면' 하면서 아내는 저와 얼굴을 마주할 때마다 후회하며 한탄했습니다. 저도 상실감으로 말을 잃은 터라 집은 마치 장례식장처럼 침통한 분위기였습니다.

소중한 것을 잃은 상실감을 털어내고 다시 일어나기 위해서는 '잃어버린 것'이 아니라 '잃어버리지 않은 것'에 주목해야 합니다. 그래서 우리는 고노스케가 우리와 있어주었던 8년에 주목하기로 했습니다. 역 앞 고양이 입양 행사에서 처음 만났던 때의 모습, 몸집이 작고 약했던 모습, 배 위에 누워 자던 모습 등 아내가 모르는 4년의 시간까지 사진을 보며 함께 추억했습니다. 그리고 결혼 후 아내와 함께 생활하기 시작하자 나보다 아내를 더 따라서 서운함을 느꼈던 것, 겨울이 되면 꼭 침대에서 함께 잤던 추억도 전부 이야기했습니다.

잃어버리지 않은 8년 치 행복에 주목하자 끊임없이 밀려오던 후회가 멈추고 감사하는 마음이 들었습니다. 나를 4년간, 우리 부부를 4년간 지지해주었던 8년간의 소중한 시간은 사라지지 않았습니다. '잃어버린 것'을 보면 빼앗긴 기분이 들지만 '잃어버리지 않은 것'에 주목하면 축복받았다는 것을 깨닫게 됩니다.

'소중한 것'은 전부 빌린 것입니다. 언제까지나 존재하지 않죠. 그런데도 왠지 모르게 영원할 것이라고 생각하지 않나요? 소중한 사람도 자신의 건강도 그리고 목숨도 언젠가 돌려주어야 하는 날이 반드시 옵니다. 연기할 수도, 거부할 수도 없습니다.

여러분이 잃은 '소중한 것'은 두 번 다시 돌아오지 않을지도 모릅니다. 그렇다면 함께했던 시간이 축복이었던 셈입니다. 비록 얼마 되지 않더라도 아직 '잃어버리지 않은 것'을 떠올리세요. 그러면 여러분은 빼앗기기는커녕 축복받았다고 생각하게 될 것입니다.

불안감 속으로
뛰어드는 용기

　어려운 시험에 도전하거나 과거에 해본 적이 없는 뭔가 새로운 일을 시작하려고 할 때, 설렘도 있지만 실패하면 어쩌나 하는 불안한 기분이 들기도 합니다.

　이 모든 건 인간적인 자연스러운 반응입니다. 하지만 설렘보다 불안이 크면 '역시 그만둘까?' 하고 불쑥 도전을 포기하려는 마음이 듭니다. 이럴 때는 어떻게 생각하면 좋을까요?

　"일을 시작하려고 하는데 어떤 일이 좋을지 망설여져서 아무 것도 할 수가 없어요."

40대 여성이 찾아와 말했습니다.

"전업주부로 살다가 일을 하는 건 20년 만이에요."

일자리를 구하려고 용기가 나지 않아 그냥 집으로 돌아가거나 헬로워크Hello Work (직업 소개, 직업 지도, 고용보험 등의 사업을 무료로 실시하는 일본의 직업안정 공공시설의 애칭 ―옮긴이)에서 모집 공고문을 받았지만 '왠지 몸이 움직이질 않아서' 구직 활동에 나서지 못했다고 했습니다.

누구나 불안하면 적극적으로 행동하지 못하게 됩니다. 자연스러운 반응이므로 부정하지 않아도 됩니다. 이럴 때는 먼저 '왜 잘될지 말지 불안한가?'라고 자각합니다. 그런 후에 확실함에 너무 연연하지 않는 것이 중요합니다.

불안이란 앞으로 일어나는 일에 적절히 대처하기 위한 동기부여라고 할 수 있습니다. 되도록 실패하지 않기 위해 할 수 있는 모든 준비를 해야 합니다. 다만 아무리 준비를 철저히 해도 '잘될지 말지'는 확신할 수 없습니다. 확실함이나 정확함에 너무 연연하면 실행을 망설이게 되고 운신의 폭이 좁아집니다.

친구 중에 '창업스쿨'을 경영하는 사람이 있습니다. 회사에 다니면서 독립을 계획하는 사람도 적지 않습니다. 하지만 친구는 안타까워하며 말했습니다. 계획만 몇 년째 세우고 실행하지 않는 사람이 대부분이라는 겁니다.

물론 불안한 마음은 충분히 이해합니다. 아무리 좋아하는 일이라고 해도 안정된 수입을 버리고 불안정한 삶을 시작해야 하니까요. 불안해하지 않는 게 오히려 이상할 겁니다.

'무슨 일이 있어도 꼭 성공할 만한 계획을 세우고 싶다', '성공 확률을 100퍼센트로 끌어올리고 싶다'는 생각도 이해합니다. 하지만 그러면 영원히 행동하지 못합니다.

미래는 당연히 불확실합니다. 계획이나 예측, 분석, 계산, 확률이 불안을 줄여줄 수는 있겠죠. 하지만 완전히 제로로 만들어주지는 못합니다. 완벽한 계획을 세워도 '성공 보증서'는 아닙니다. 무엇을 하든 '불확실함'은 남습니다.

상담을 하면서 불안해서 행동하지 못한다고 호소하는 사람을 자주 만납니다. 하지만 실은 반대입니다. **행동하지 않아서 불안이 사라지지 않는 것입니다. 불안이란 앞으로 일어나는 일에 대하여 대비하라고, 행동을 바꿔야 한다고 알려주는 경고입니다. 그 경고는 자기 자신의 손발이나 몸을 움직여서 행동하지 않으면 사라지지 않습니다.**

이렇게 말하는 저도 불확실한 미래 때문에 조금도 움직이지 못했던 적이 있습니다. 경영하던 회사를 매각하고 '앞으로 어떻게 살까' 방향을 모색하던 시절이었습니다. 시력을 상당히 잃은 데다 서른 무렵이었으니 결코 젊은 나이가 아니었습니다. 실수할까 봐 몹시 두려웠습니다.

아무것도 선택하지 못하고 멈춰 있던 저에게 친구가 이렇게 말해주었습니다.

"아마 어떤 길을 선택해도 후회할 일이 생길 거야. 그럴 거면 차라리 '아, 이 길을 선택하길 잘했다'고 말할 수 있게 앞으로 열심히 하면 괜찮지 않을까?"

저에게 도움이 되었던 이 말을 내담자에게도 해주었습니다.

"확실함에 너무 연연했나 봐요. 제가 할 수 있는 일에 도전해 인연이 닿는 곳에서 일해보려고 합니다."

내담자는 웃으며 돌아갔습니다.

새로운 일에 도전한다는 것은 마치 등불이 없는 초행길을 걷는 것과 같습니다. 불안할 수밖에 없죠. 그래도 용기 내어 한 발 앞으로 내밀어 보세요. 인생은 여러분이 생각하는 것보다 훨씬 유연합니다. 불안해도 앞으로 나아가면 뜻하지 않게 무언가를 만나기도 하고 예기치 못한 희망을 발견하거나 계산하지 못한 기적이 일어나기도 합니다. '이 길을 선택해서 다행이야'라고 생각할 만한 일이 반드시 일어날 것입니다.

진짜 강한 마음을
만드는 기술

이 책이 전하는 메시지를 요약하면 이렇습니다.

"약해진 마음을 인정하면 내면이 진정으로 강해지고, 마음 상태를 부정하거나 강한 척하며 외면해버리면 진정한 나약함만 남는다."

하지만 실제로 마음이 약하다고 인정하기는 쉽지 않습니다. 그동안 자각하지 못하고 자기를 탓하거나 강한 척하면서 부자연스러운 마음으로 살아왔기 때문입니다.

마음을 강한지 약한지로 구분하다 보면 아무래도 '강한 것은 좋고 약한 것은 나쁘다'고 판단하게 됩니다. 좋은 것을 긍정하고 나쁜 것을 부정하면 우울이나 불안, 고민, 마이너스 사고나 부정적 감정으로 드러나는 약한 마음도 부정하고 싶어집니다. 그런 마음도 충분히 이해합니다.

그래도 여기에 '자연스러운가, 부자연스러운가'라는 한 가지 기준을 더해보세요. 언제부터인가 매여 있었던 '좋은가, 나쁜가'라는 주술에서 벗어나게 될 것입니다. 그것이 이 책을 통해 제가 전하고 싶은 말입니다.

실제로 마음의 상태에는 좋은 것도 나쁜 것도 강한 것도 약한 것도 없습니다. 얼핏 보기에 '마음이 강한 사람'이라도 여러 번 정신적 고통을 느낀 적이 있을 것입니다. 의도하지 않았어도 두 번 다시 상처받고 싶지 않아서, 상처받지 않기 위해 마음이 보내는 경고의 의미를 깨닫고 행동으로 옮겼던 것이겠죠.

'마음이 약해서'라는 말 뒤에 '그래서 ○○ 못 하겠어', 즉 '가짜 못 하겠어'를 붙일 때가 많지 않았나요? **마음이 약해서 행동하지 못하는 것이 아닙니다. 행동을 개선하지 못하니까 계속 마음이 약한 것입니다.** 우리의 마음은 '강한가, 약한가'로 딱 선을 그을 수 있을 정도로 단순하지 않습니다. 강인함만 고집하다 자신을 잃어버리는가 하면 자신의 나약함을 드러냄으로써 강해지기도 합니다. 그러므로 '강한 면도 있고 약한 면도 있다'고 인정하고 양쪽의 성질을 조화시켜야 합니다.

마이너스 사고와 플러스 사고, 우울, 불안과 같은 부정적 감정과 기쁨, 안심과 같은 긍정적 감정, 이렇게 감정들은 얼핏 보기에 대립하는 것처럼 보여도 모두 차의 양 바퀴와 같습니다. 어느 한쪽만 빠져도 인생은 잘 굴러가지 않습니다. 이 둘을 잘 조화시키는 것이 진짜 강한 마음입니다.

섬세하고 신중하고 소심해서 자주 불안하다면 위험하거나 미지의 것에 대한 감도가 높은 사람입니다. 그래서 남들보다 빨리 위험을 감지하고 대책을 세울 수 있고 훨씬 꼼꼼하게 준비할 수 있으며 잘 알지 못하는 것에 부주의하게 다가가지 않습니다. 안전한 인생을 위해 그러한 감정들은 우수한 방패와 방어구가 됩니다.

한편 대담함이나 낙관, 긍정적인 태도로 공격적으로 나서야 할 때도 있습니다. 왜냐하면 섬세함과 소심함과 같은 방패와 방어구만으로 인생의 모험에 나설 수는 없기 때문입니다.

아무리 공들여 대비하고 준비해도 위험이나 예상치 못한 변수가 제로가 되는 것은 아닙니다. 결국에는 '어떻게든 되겠지' 하면서 아무런 보증이 없어도 위험과 미지의 세계로 뛰어들어야 하는 것입니다. 저도 자주 "어떻게든 되겠지. 괜찮아."라고 말합니다. 하지만 그런 긍정적인 말은 막대한 시간과 노력을 들여 대비하고 준비하고 나서 마지막에 할 수 있는 말이라고 생각합니다.

자신의 감정을 의심하지 마세요. 마음이 약하다는 것을 솔직하게 인정하면 그것이 무엇을 경고하는지 알 수 있습니다. 자기를 부정하는 횟수가 줄면 자신을 더 강하게 믿을 수 있습니다. '무슨 일이 일어나도 마음을 바로 회복할 수 있다'는 자신감으로 주저 없이 행동에 나서게 될 것입니다.

강인함과 약함, 자연스러움과 부자연스러움을 오가며 인생의 장애물을 뛰어넘는 것 자체를 즐길 수 있기를 바랍니다.

깨진 멘탈은
다시 붙이면 된다

2021년 1월 3일, 집에서 조용히 홀로 이 글을 쓰고 있습니다. 작년 말에 갑자기 아내가 정신적으로 무너져서 새해 첫날 병원에 입원을 했기 때문입니다.

아내는 우울증으로 직장을 그만둔 후 '펫시터'pet sitter로 반려동물을 보살피는 일을 해왔는데, 코로나 사태의 영향으로 일거리가 눈에 띄게 줄었습니다. 아내는 개, 고양이 등 동물을 무척 좋아합니다. 새로운 동물과 만나고 반려동물을 사랑하는 손님들과 이야기를 나누는 건 아내에게 큰 보람이었고 중요한 일이었습니다. 그런 소중한 시간을 빼앗기고 우울함을 느끼는 것은 자연스러운 반응입니다. 그런 자신을 '나는 안 돼'라고 부정하거나 괜찮다고 강한 척할 필요는 없습니다. 도저히 견딜 수 없을 때는 본인이 느끼는 대로 울고 소리 지르면서 성대한 '의식'을 치르면 됩니다. 그리고 불안이 전하는 의미를 행동으로 옮길 수 있다면 마음도 자연스럽게 강해질 것입니다.

하지만 아내는 그렇게 하지 못했습니다. 이렇게 되고 나서야 아내에게 가장 가까운 가족인 제가 힘이 되지 못했다는 것을 깨달았습니다.

약해진 마음을 강인함으로 바꾸려면 건강한 사람의 '이해를 얻어야' 합니다. 비록 말이 없어도 협력과 공감, 공유에 찬 인간관계를 맺으면 자신의 약함을 부정하거나 억지로 강한 척하지 않아도 강한 마음을 가질 수 있으니까요. 하지만 저는 제 일만으로 머리가 꽉 차서 아내를 보듬어주지 못했습니다.

아내가 없는 이틀 동안 '이렇게 된 건 내 탓이야', '소중한 가족을 도와주지 못하다니 난 구제불능이야' 하면서 수차례 쓸데없는 자기 부정을 했습니다. 이 책을 출판할 자격이 없다고 생각하기도 했습니다. 말로 아무리 설명해봤자 실전에서 활용하지 못하는데 독자에게 말할 자격이 있는 걸까 싶었죠.

이런 생각을 신뢰하는 친구에게 털어놓으며 아내의 마음을 상상하고 울면서 '의식'을 치르는 사이에 중요한 사실을 깨달았습니다. '잘못한 사람은 아무도 없어. 그저 능력이 부족했을 뿐이야'라는 사실을 잊고 있었던 것입니다.

아내가 입원했다는 환경 변화를 받아들이고 제 마음은 심하게 흔들렸습니다. 당연합니다. 공포와 불안, 고독감에 시달리며 정신적으로 상처받지 않는 게 더 이상합니다. 그런 자신을 부정하던 시간도 있었습니다. 하지만 지금은 불안해지면 아내에게 편지를 쓰거나 고양이들을 보살피는 등 '내가 할 수 있는 행동'에 집중하면서 차분한 마음으로 아내가 회복되어 건강한 모습으로 돌아오기를 기다리고 있습니다.

영화 〈애프터 어스〉에 이런 대사가 나옵니다.

"위험은 실재하지만 공포심은 당신의 생각에 따라 달라진다."

외부에서 일어나는 환경 변화는 실재합니다. 하지만 자신의 내면에서 일어나는 공포와 불안은 실재하지 않습니다. 말하자면 환상과 같은 것이죠. 환상과 싸워서는 안 됩니다. 그러한 환상은 환경 변화에 대응하기 위해 이용해야 할 도구일 뿐입니다.

살다 보면 불합리함이나 부조리를 느낄 만한 변화도 겪게 마련입니다. 실제로 많은 사람이 코로나 사태의 영향으로 힘든 상황에 빠져 있습니다. 슬프고, 억울하고, 불안하고, 괴롭고, 외롭습니다. 하지만 이런 부정적 감정으로 고통을 느끼는 것은 전혀 이상한 일이 아니기에 울고 소리 지르고 한탄해도 됩니다. 그리고 자신이 할 수 있는 행동에 집중하여 '건강한 상태'를 유지한다면 그것으로 충분합니다.

앞에서 밝혔듯이 저는 마음이 강한 사람이 아닙니다. 마음이 약한 것에 대해 조금 더 알고 있는 보통 사람일 뿐입니다. 지금 마음이 약해져 있다면 잘못을 저지른 것도, 죄를 지은 것도 아닙니다. 아주 인간적인 모습입니다. 그러니 지금이 마음을 단단하게 만들 수 있는 기회라는 것을 의심하지 마세요.

아내를 병원에 보내고 다시 마음을 추스르기까지 이틀이나 걸리다니, 이 책을 쓴 사람으로서 부끄럽기도 합니다. 하지만 그런 자신을 외면하지 않고 '인간적인 면'으로 인정한 덕분에 더 솔직하게 털어놓을 수 있었다고 생각합니다. 여러분도 때로 자신이 한심하고 부끄럽더라도 부정하지 마세요. 부정적 감정을 느낀다면 그것을 알게 된 것을 칭찬해주세요. 자신이 어떤 모습이든 '인간답다'고 인정할 수 있는 용기를 내세요. 그렇게 하면 무슨 일이 일어나도 '건강한 상태'로 돌아갈 수 있는 강하고 단단한 마음을 가질 수 있을 것입니다.

마지막으로 이 책을 출판하기 위해 편집해준 PHP연구소의 우바 하스히로, 출판의 계기를 마련해준 마쓰오 아키히토, 보이지 않는 곳에서 집필 작업을 지지해준 사랑하는 아내에게도 다시 한번 감사의 마음을 전합니다.

이 책을 통해 자신의 감정을 외면하지 않고 내면에서 우러나오는 강한 마음을 길러서 한 명이라도 더 충실하고 멋진 인생을 살아가기를 바라며.

가타다 도모야